Big Mistakes
The Best Investors and Their Worst Investments

從

本能交易

到

紀律交易

巴菲特、葛拉漢、李佛摩,16位當代
投資大師**敗中求勝的祕密**

Michael Batnick
麥克．貝特尼克——著
傅桂卿——譯

獻給容忍我不斷犯錯的父母，還有蘿蘋，當我埋首寫作這本書時，她總是常伴在我左右。

Contents

目錄

Contents

目錄

Preface｜前言

犯錯，是交易賽局的一部分

> 我們可以透過三個方法去學習智慧之道。第一，靠反思考，這是最高尚的；第二，靠模仿，這是最容易的；第三，靠經驗，這是最痛苦的。
>
> ──孔子

　　要在股票市場上賺錢並不是一件容易的事，不論你操作的是大規模的避險基金，抑或只是個人的股票帳戶，有時候你覺得自己十分愚蠢。當市場下跌時，總會有同病相憐的人；但有時候，你會孤獨一人面對這個困境。也許你買進一檔股價飆升兩倍的股票後，股價開始逆轉向下，更糟糕的是，當你認輸、賣出該檔持股，在隨後的十二個月內，它竟然又升值了兩倍──你會覺得市場諸神在愚弄你。

　　要明白投資的難處，最好的方法就是親身體驗；其次，就是從世界上最成功投資人所犯的最大失誤中得到教訓，本書的目的就在於此。

　　從傑西・李佛摩（Jesse Livermore）、華倫・巴菲特（Warren Buffett），到約翰・柏格（Jack Bogle），每個嘗過成功

滋味的投資人都同樣有失敗的經驗。有時,他們錯失投資機會——巴菲特和蒙格(Charlie Munger)錯失買進沃爾瑪的機會;2000年初,史丹利‧朱肯米勒(Stanley Druckenmiller)在股價最高點時買進科技股……,本書希望能引起讀者對這些失誤的共鳴,並明白到我們所有人都遇過暫時的挫折。

所有的投資人,從選股大師彼得‧林區(Peter Lynch)到普羅大眾,都有情緒,這是人類的本能;我們不想承擔風險、我們有固定的買入點,這是因為我們都受到「後見之明偏誤」(hindsight bias)的操控。當我們經歷失敗,通常都是自己造成的,因此,要矯正錯誤,客觀上是十分困難的。即便如此,我們必須想辦法避免過往的錯失進一步「妨礙」將來的投資決策。

人們通常都會努力地複製成功經驗。柯比‧布萊恩(Kobe Bryant)向麥可‧喬丹(Michael Jordan)學習;保羅‧都鐸‧瓊斯(Paul Tudor Jones,避險基金經理人)向李佛摩學習,這都合乎常理。而其他人則從不同方向入手,他們從個人或企業的失敗經驗中汲取教訓,避免拖垮這些個人或企業的失誤發生在自己身上,正如同蒙格所說:「請告訴我哪裡是我的死亡終站,我永不會朝那個方向走去。」

這本書以截然不同的角度剖析投資致富之道,聚焦於「最成功投資人」的失敗經驗,這並非是要讓我們做出「噢,這是行不通的,不要這樣做」的結論,而是當我們真的發生

失誤時，能真正認識到那究竟是怎麼一回事？毫無疑問的，犯錯，是交易賽局的一部分。

就如同其他事物的學習過程一樣，只有透過親身經驗，我們才能學會怎樣投資。你不能把一本書看過一遍，就說你懂投資了，一如即使你有心臟外科手術的頭腦知識，你也不能立即替他人進行「三重心臟繞道手術」（Triple Bypass）。你只能反覆應用、從中學習，才能真正內化投資之道。除此之外，別無他法。

這並不是一本說明書，假如這本書有傳遞所謂的重要訊息，那就是「投資的難度非常高」。你會犯錯並且重蹈覆轍，同時，你還會再犯下新的錯誤；正當你自認為已經明白投資是怎麼一回事時，市場就會再次使你謙卑。對此，你必須處之泰然，不要把這些「小事」化大，因為當你的腦袋一旦充滿負面思想，就很難有所改變。

成功投資人都有一個最重要的共通點：他們煩惱的是，什麼東西是在他們掌握之中，什麼不是。他們不會操心股市走勢，也不會預測聯準會（Fed）的決策，以及下半年通膨及利率走勢。相對的，他們選擇留在自己的「能力圈」內，不論那個圈圈有多大。巴菲特指出：「對大部分人來說，投資之道，最重要的是界定自己不知道的是什麼，而不是知道的有多少。」希望你們像我一樣喜歡這本書。

麥克·貝特尼克（Michael Batnick）

金融市場沒有鐵打的金科玉律

> 在過去差不多四十年的華爾街生涯中，我發覺我
> 對股市走勢知道的越來越少，但是，我對「投資
> 人應該怎樣做」知道的卻越來越多，這種看法上
> 的改變是挺大的。

—— 班傑明・葛拉漢（Benjamin Graham）

價值投資之父

▌ Profile／班傑明・葛拉漢（Benjamin Graham）

價值投資之父，同時也是股神巴菲特的啟蒙導師。「安全邊際」是他最重要的投資理論，意指要投資那些內在價值大於其股價的公司，這也進一步形塑出巴菲特獨特的投資觀，「在別人貪婪時恐懼，在別人恐懼時貪婪」。

在未來 200 年，沒有人會記起艾克曼（Bill Ackman）做空賀寶芙（Herbalife）的經典之役；人們對鮑爾森（John Paulson）押中房地產泡沫爆破的事，早已忘記得一乾二淨；窮查理的「蒙格主義」（Mungerisms）會被扔在二十一世紀的垃圾桶裏……，傑出投資人來來去去，大部分在這本書提及過的傑出投資人將會被後人遺忘。然而，假如要我把錢押在一個經得起時間考驗的人身上，那個人準會是班傑明・葛拉漢。

被譽為「華爾街之父」的葛拉漢將會名垂不朽，因為他的教導歷久彌新。他在其著作《證券分析》（*Security Analysis*）中提出的教訓，自 1934 年起，直到今天，乃至於二百年後都仍然適用。人性不會因時間而改變，也不會改變一個事實，那就是，「由於投資在本質上並不是真正的科學，這對證券分析會構成嚴重障礙。」

▍公司「內在價值」的嶄新定義

葛拉漢是數學天才，他明白物理定律並不適用於證券分析，要誇大葛拉漢提出了多少創新思維是一件難事。《華爾街日報》專欄作家傑森・茲威格（Jason Zweig）在他的著作中說道：「在葛拉漢之前，基金經理人都像中古世紀的公會組織一樣，大多是靠迷信、推測，以及用某種神祕儀式的引

導般來進行交易。」說到飛行，人們就會想起萊特兄弟；同樣的，說到投資，人們就會想起葛拉漢。葛拉漢的名字跟金融是永遠連結在一起的，正如同萊特兄弟之於飛行一般。

葛拉漢是先知先覺之人，他明白刊登在報紙上的股票報價，並不等於企業實際上的內在價值。他認同萊特兄弟的看法，他這樣寫道：

以萊特航空公司（Wright Aeronautical）[1]的例子來說，在早期情況中，一系列事實皆顯示該公司的真實價值遠遠超過每股8美元……，隨後，事實同樣表明，該公司的合理價值為每股280美元，其股價卻未能反映出來……，要判斷萊特航空股票的真實價值是20抑或是40美元……，是50抑或是80美元……，這對分析師來說十分困難。但可幸的是，分析師不需就這些數字來判斷8美元的股價是具吸引力的，而相對於其內在價值，280美元的股價並不具備吸引力。

《證券分析》是為華爾街專業人士而寫的，然而，讓葛拉漢的名字永垂千古的，卻是《智慧型股票投資人》這本書，這是我翻閱的首本財經書，這本書給我非常深刻的印象，因

1　該公司的前身為萊特馬丁飛機公司（Wright Martin Aircraft Company），奧維爾·萊特與格倫·馬丁為兩大股東，後來由弗雷德里克·倫齊勒接手並在1919年改組為「萊特航太公司」（Wright Aeronautical），1929年結束營業。

此，我借用「投資人」這名字並將我的部落格命名為「不相
干的投資人」（Irrelevant Investor）。

　　有別於《證券分析》，《智慧型股票投資人》是為投資門
外漢而寫的，至今已賣出超過一百萬本，把投資理念介紹給
門外漢的目標已經達成。巴菲特指出：「早於 1950 年，我看
過了這本書的初版，當時，我才十九歲，我認為這是到目前
為止最好的投資書，至今我仍維持相同的看法。」只要人們
想學投資，他們就會找葛拉漢，因為他將艱深的術語，例如
淨營運資金（working capital）和股東權益報酬率（return on
equity），轉化為淺白的文字，如「價格」和「價值」。

　　葛拉漢是財務分析的始祖。羅溫斯坦（Roger
Lowenstein，美國財經記者和作家）說：「沒有葛拉漢的投
資，就像沒有馬克思的共產主義一樣──幾乎沒有追隨者
了。葛拉漢博學多才，蒙格稱葛拉漢為「出類拔萃之人」和
「當代唯一的投資大師」。當二十歲的葛拉漢還在哥倫比亞大
學修讀最後一個學期時，英文、數學及哲學三個學系已分別
邀請他執教，他感到受寵若驚，於是向系主任徵詢意見；幸
運地，同一時間，一個紐約證券交易所的會員前來跟系主任
見面，並請他推薦最優秀的學生。系主任不加思索，就把葛
拉漢介紹給他。

　　1914 年，葛拉漢展開他的華爾街職業生涯，不久之後，
紐約證券交易所因第一次世界大戰的戰事而關閉四個月，這

是歷年來最長的休市。當葛拉漢在華爾街開展事業時，他才二十歲，他從遞送證券和支票等基礎職位做起，一個月後，他晉升為債券部門助理，六個月後，葛拉漢憑著出眾的才華，開始負責撰寫每日市場報告的工作。

從1928年開始，葛拉漢在哥倫比亞大學商學院任教了二十八年，同時他也任教於紐約證券交易所開辦的學院，現稱為紐約金融學院（New York Institute of Finance），達十年之久。任教期間，葛拉漢吸引了華特・施洛斯（Walter Schloss），艾文・卡恩（Irving Kahn）和比爾・魯安（Bill Ruane）等華爾街的後起之秀前來跟他學習。其中最知名的學生，當然是巴菲特。巴菲特將葛拉漢的投資原則學以致用，後來更成為全球首富。

▌人的情緒起伏，足以遮蓋「一般常識」

葛拉漢無疑是站在投資界的拉什莫爾山上（Mount Rushmore，俗稱的美國總統雕像山），他在理財和培育接班人方面的成就驚人，然而，像其他人一樣，在他的職業生涯中，也曾遇到考驗自己的時刻。

葛拉漢在課堂乃至於書本上的教導將會歷久彌新，另一方面，這位教育我們價值和價格差異的導師留給投資人最重要的教訓是：便宜的可以越來越便宜、富有的可以越來越富

有；安全邊際（Margin of Safety）可能會出現誤算；價值可能無法實現。

有些投資人尋找他們認為利潤增長會大幅勝過大盤的公司，也有一部分的投資人則喜歡前景並非像其股價反映得那麼糟糕的公司。不論你自認是成長型投資人、價值型投資人，或者介於兩者之間……，甚或是另類投資人，每個市場參與者無非都希望股票價值「高於」他們付出的價格。其中，要確定你買進一家公司股票所付出的代價，是否小於該公司的實際價值，最有效的判定方式就是價值投資法。

當《證券分析》出版時，道瓊指數處於 100 點的水平。八十四年後的今天，道瓊指數在 2 萬 2,000 點附近徘徊。在這些年間，不計股息的話，該指數每年的平均報酬率達到 6.7％。許多知名投資人（他們就是由葛拉漢帶進主流社會的價值投資法信徒），遵守幾個簡單法則便賺取了巨額利潤。這些法則，可歸納為葛拉漢所提出的「安全邊際」。根據葛拉漢的定義，安全邊際就是「在最低的內在價值上打出的折扣，然後按此作價」。

是的，價值投資法需要運用數學算式，可並不用太複雜。葛拉漢的首選是那些每股價格較「淨營運資金」（Net Working Capital）折讓三分之一的股票。他曾經指出：「要是自 1933 年起，每年皆買進六家以最低的近期盈餘乘數計算股價的道瓊指數成份股，就會有意想不到的收穫。」

　　葛拉漢的出色表現並不在於他為釐定公司內在價值所做的計算，而在於他明白到計算出準確數值是不可能、也不是成功的先決條件。「我們很可能單憑肉眼就能斷定一位女士是符合年齡規定資格的選民，而不必知道她的真實年齡；或斷定一位男士過胖而不必知道他的實際體重。」

　　葛拉漢高瞻遠矚。當時，「行為經濟學」（behavioral economics）這個術語尚未出現，他已在寫作時提出行為經濟學的概念，研究心理因素如何影響人們的財務決定。[2]葛拉漢發現，一些認知和情緒偏差驅使投資人作出投資決定，從而導致一家實力雄厚的公司股價在十二個月內蒸發了一半——他藉此探討通用電器（GE）的案例。1937年，通用電器的市值達18億7,000萬美元，僅僅一年後，通用電器的市值縮減至7億8,400萬美元。葛拉漢因此得出以下的結論：

　　這家財雄勢大的企業在十二個月內，市值蒸發掉超過一半，說實在，在這段期間，什麼事都沒有發生，投資人也沒有假稱該公司在1937至1938年間獲利下跌對前景有深遠影響。通用電器股價處於64.875元的高點，是因為一般人看好公司前景；股價處於27.25元的低點，則是因為這些人看壞公司前景。把這些股價表現說成代表「投資價值」或「投資

2　《證券分析》出版的那一年，把「行為經濟學」這門學問帶入主流社會的諾貝爾經濟　學獎得主丹尼爾‧康納曼（Daniel Kahneman）才剛剛出生。

人的評估」，就是歪曲語言或歪曲常識，也或者，兩者皆歪曲了。

　　葛拉漢教導他的學生和讀者：價格比價值更波動，因為釐定價格的是人，而釐定價值的是企業。在《智慧型股票投資人》一書中，葛拉漢以「市場先生」這個虛構人物的故事，對股價大起大落的現象作出以下的總結：

　　想像一下，你以 1,000 美元買進一些私人企業的股份，成為那些企業的小股東，「市場先生」是其中一名股東，他樂於助人，每天告訴你「他認為」你的股份值多少錢，並且提出按這些價格買進你的股份或向你出售額外的股份。有時候，他的估值符合你所知道的公司業務發展及前景，而且看來是合理的；另一方面，市場先生經常被熱情或恐懼沖昏了頭，你認為他建議的股價看來是不切實際的。

　　現今的金融世界跟葛拉漢做投資和授課的年代相比，已經截然不同。1934 年，紐約證券交易的股票日成交量為 3 億 2,300 萬美元。2017 年 8 月 9 日，紐約證交所的股票日成交量達到 32 億美元，成交量是 1934 年的十倍以上！今天，超級電腦可以即時分析經濟報告及企業的財務報表，但是在葛拉漢的年代，企業提供的「季度財務報表」被認定是一個標準

（並非法規要求）。企業以各種方式提供他們的財務資訊：從只提供「淨收益」，到提供「損益表」及「資產負債表」，標準莫衷一是。證券交易法（Securities and Exchange Act）[3]在推行前，半數以上的企業並不會對外公開這些財報細節。

　　葛拉漢的價值投資理念，就是他所說的，拾起路邊的「雪茄屁股」，然後點起火吸上最後一口（意即買進便宜和被多數人遺棄的股票）。由於這些公司掌握重要物業、廠房和設備、存貨和原料，要計算有形資產及內在價值並不困難，而根據這些數據，他可以確定該公司有沒有足夠的安全邊際。

　　要是葛拉漢還在世的話，他肯定不會明白現今一些公司的股價究竟是怎麼計算出來的。舉個例子，在過去五年，沃爾瑪從2兆4,000億美元的銷售額中賺取了750億美元的利潤，淨利潤率為3.15％，其市值卻蒸發了36億美元；同一期間，亞馬遜也從4,900億美元的銷售額中賺取了35億美元的利潤，淨利潤率為0.73％，但它的市值卻增加了350億美元。

　　從直覺上來說，價值投資是非常合理的，但人的情緒起伏足以遮蓋「一般常識」。價格走勢可以是雙向的：價格可以跌破公司清算值，也可以飆升至遠超過公司增長前景的合

3　編注：1920年代的美國證券市場，許多公司透過不對外公開的內線消息來賺取巨額利益，進而埋下1929年股市大崩盤的導火線，令投資人蒙受巨大損失。為了防杜災難重演，美國國會後續分別通過了《1933年證券法》和《1934年證券交易法》，制定相關的監管條例。

理預期水平。雖然葛拉漢並不認識指數股票基金（ETF）或高頻交易（high frequency trading，即以電腦和網路速度取勝的程式交易），但他對現今仍由投資人情緒所推動的股市就不會陌生了。今天，投資人作出投資決定，往往是由於恐懼和害怕錯過投資機會而觸發的，對於這些行為，葛拉漢再熟悉也不過。

羅溫斯坦說：「葛拉漢花了二十年的時間，從興旺的1920年代大牛市，到近乎災難的1930年代初期，在這整整一個週期，精雕細琢，把他的投資理念結集成一門嚴謹的學科，足以媲美他在大學所修讀的歐氏定理（Euclidean theorems）。」

▌跌破安全邊際，虧損70%的價值投資

讓我們先回到最初。1923年，葛拉漢創辦了一家以合夥人形式經營的投資公司，名為葛拉漢投資公司（Graham Corporation），他利用套利方法，同時買進被低估的證券和做空被高估的證券，如是者，這個套利操作持續了兩年。1926年，他開設葛拉漢聯名投資帳戶（與友人合資設立），此帳戶是這樣運作的：葛拉漢可以從第一筆20%的報酬中獲得20%的利潤，從其後30%的報酬中獲得30%的利潤，以及從其餘的報酬中獲得50%的利潤。在1926年，他賺取

32％的利潤，而同期間的道瓊指數只上升了0.34％。

　　葛拉漢績效報捷的消息馬上傳遍了華爾街，著名的金融大亨伯納德・巴魯克（Bernard Baruch）邀請葛拉漢加入成為他的合夥人，這令葛拉漢受寵若驚，但由於他在去年已獲利60萬美元，他沒有理由去接受巴魯克的邀請。最初他進入市場時投入45萬美元的資金，在短短三年間，他的資金激增至250萬美元。即便如此，別忘了本書的目的，是要讓我們借鏡偉大投資人的慘痛教訓——葛拉漢即將步入失敗的漩渦。

　　在1920年代大牛市的最後一年，葛拉漢的聯名投資帳戶獲利60％，領先道瓊指數49.47％的漲幅。在1929年的年底，當股市急劇逆轉時，葛拉漢將空單平倉，保留手上持有的可轉換特別證券（convertible preferred securities）[4]，因為他認為股市已經嚴重超賣，「市場先生瘋了」。最終，他的帳戶在1929年出現20％的虧損，同時間的道指下跌17％。葛拉漢即將學到：當市場出現良莠不分、好壞股被一起拋售的情況時，有沒有安全邊際都沒關係了。

　　1930年，葛拉漢以為最壞的情況已經過去，於是借錢全力買進，他利用融資放大槓桿，以求賺取豐厚利潤。只不過，最壞的情況並沒有過去，股市仍未見底——道瓊指數持續暴

4　此處意指可轉換特別股或優先股，該證券允許持有人在特定條件下把特別股轉換成一定數額的普通股。

跌，葛拉漢經歷了他人生中最糟糕的一年，他的虧損達到50%，損失慘重。

葛拉漢在1929年的股災中逃過一劫，隨後，他旋即重新入市，由於當時的股市尚未下探至終極低點，自1929至1932年股市觸底的四年間，葛拉漢的虧損高達70%。倘若如此心思縝密、考慮周到的分析大師可以損失七成資金，我們更應加倍小心。必須明白的是：雖就長遠來說，價值投資是極其美妙的投資策略，但仍不免會受到股市短期波動所產生的影響。

1932年，就在股市觸底的幾週之前，葛拉漢在《富比士》雜誌發表了三篇文章，其中一篇文章的題目為〈坐擁巨富的司庫和面對資產貶值的股東〉（*Inflated Treasuries and Deflated Stockholders*），他在文中提到：

事實上，許多其他公司的市值均小於他們的銀行存款……，這意味著許多美國企業的股票都是以「清算價值」去定價的，這也意味著，根據華爾街近期的最佳估計，這些企業破產清算比它苟延殘喘更有價值。

在這篇文章裡，葛拉漢在一群陷入財務困境的殭屍中，發出理性的呼聲：

　　是時候了，股民們要把眼光從翻閱每日市場報告，轉到認識一下他們所投資的企業，這些企業存在的目的是要為股東們帶來利益和快樂。

　　道瓊指數經歷了雲霄飛車般的大起大落，暴跌89％，經此一役，可以理解為什麼人們會有這樣的表現，以及為什麼一代投資人會發誓永遠不再踏足股票市場。葛拉漢還能堅守「證券分析」是值得應用的信念，令人驚歎。

▍股價，最終會反映其真實價值

　　1926至1935年間，葛拉漢的投資公司每年獲得的平均報酬率約為6％，同時期的標準普爾及道瓊指數的報酬率分別為5.8％及3.8％。儘管經歷重大失誤，葛拉漢沒有退卻，仍舊繼續進行投資操作，而這些操作是建基於「價值投資是獲得傲人績效的最聰明方法」這個假設之上。

　　根據「股價最終會反映其真實價值」這個信念，葛拉漢紐曼公司（Graham-Newman Corporation）在招股說明書中，提及他們的投資政策是「根據仔細分析，買進價格低於其內在價值的證券，且特別著重於買進價格低於其清算價值的證券。」有人問葛拉漢，「使股票回歸其真實價值的究竟是什麼？」他回答說：「這是我們進行交易的其中一個謎；對我

和其他人來說，這也是不解之謎。從過往經驗中我們得知，無論如何，市場價格最終都會反映股票的真實價值。」

事實証明，葛拉漢所言非虛，長期來看，買進這些便宜股票是極高超的策略。二十年來，葛拉漢紐曼公司每年的績效都穩定勝過大盤，平均報酬率比市場高出約3%，少有人能達到這個記錄。

事實上，為了過去十二個月的獲利，投資人願意付出最少五倍、最多三十四倍的價錢買進，這正好說明單靠估值（valuation）並不足夠。假如你不是固執己見的投資人（就算你是），無論是處於多頭或空頭的趨勢中，要長期面對「價格」跟「價值」脫鉤的情況，這在心理上是很折騰人的。

你有權以你認為「合理」的價格買進股票，但你認為為了過去十二個月的獲利而付出二十五倍的價錢是偏高嗎？或者你想用十倍的價錢把資金全押上呢？沒問題，但你要明白，「等待股價調整至合理水平」這件事，已為那些偉大價值投資者的傳承留下了污點。你可以看透市場先生的情緒起伏，但這不會使你成為佛洛依德博士（Dr. Freud）。

儘管葛拉漢是證券分析的先驅，但他也有謙遜開放的一面，他明白到以前奏效的，現在可能不會再奏效；現在行得通的，將來不一定行得通。他說：

不巧地，在進行證券分析時，你試圖以過往的行為來確

定關係，你幾乎總有這樣的經驗，就是在你經過長時間應用後，當你對自己的計算方式有足夠信心的時候，新的情況出現了，而之前的那些計算在將來不再可靠。

　　價值投資法仍然奏效，但由於這種投資策略在過去非常成功，出現了無數充滿雄心壯志的「巴菲特們」，這樣一來，發掘那些價值被低估的股票變得更具挑戰性，葛拉漢在 1976 年接受《金融分析師》（*Financial Analysts Journal*）雜誌採訪時表示：

　　我不再提倡以證券分析的方法來尋找更具投資價值的股票。四十年前，當我們的教科書《證券分析》出版時，證券分析是值得做的。但自此以後，情況有了很大的改變。過往，任何一個訓練有素的分析師在仔細研究評估後，都能專業地篩選出價值被低估的證券，但由於大量研究正在進行中，我懷疑在大多數情況下，這樣廣泛的努力能否還能划算地提供相當好的投資選擇，在有限的程度上，我會選擇擁護普遍為經濟學教授所接受的「效率市場」學派。

　　有人問葛拉漢：「一般來說，華爾街的專業人士是否可以精準預測到短期或長期金融市場的趨勢及股市走向？假如他們不能作出準確預測，是什麼原因造成的？」他笑著回

答：

　　噢，我們已花上一代人、甚至更多的時間來研究這個有趣的問題，坦白說，根據我們的研究，你可以選擇擲硬幣或聽取專家的一致意見，結果都是一樣的。為什麼他們並不是更可靠？你問得真好，這是個有趣的問題。我的答案是，每位華爾街的精英都聰明過人，他們的才華互相抵消，他們所知道的事情，大致上都已在股價上反映出來，所以，將來會發生什麼事情，他們都一無所知。

　　明白「價值」是十分重要的，但更重要的是，不要成為價值的奴隸。葛拉漢教導我們，在金融領域中，沒有金科玉律，因為便宜的可以更便宜。

　　正如同本書所揭示的每個失敗經驗，要從這些經驗中得到教訓，都必須經歷痛苦的過程，這是不幸的現實。沒有人能告訴你，「選股是一件難事，或者指數基金是更好的投資選擇」。你總是不相信「一年內股價下跌一半的股票，並非一定是物超所值的」，因此你不得不伸手去接住那些由高空往下掉的刀子，然後，你才會明白「下跌的股價不一定等於更好的價值」。

　　這本書提過的許多投資人都是從葛拉漢那裡得到啟蒙，但是，如你一般，他們都需要尋找自己的投資目標和方向。

啟發式思考與
經驗法則的謬誤

傑西・李佛摩是一位超群出眾、堅持不懈的傳奇
人物，他體現了當代每一句偉大的交易座右銘。

——保羅・都鐸・瓊斯（Paul Tudor Jones）
傳奇對沖基金經理人

▌ Profile／傑西・李佛摩（Jesse Livermore）

《時代》雜誌形容他是「最活躍的美國股市投機客」。他曾歷經八次破產，欠下巨額債款，但仍八次崛起，一次比一次強盛，正如李佛摩本人所說：「我曾在兩年內就破產三次，但破產是讓人成長的最好方式。」

　　「買低賣高」、「在鮮血滿街時買進」、「沒人會在有錢賺的時候破產」……我們經常會使用許多前人的投資原則和座右銘，作為我們買進、賣出或持有一種金融商品的依據。這個經驗法則的問題在於；它們經常掩蓋了投資的複雜性。證券價格的漲跌，會受到許多因素和相反趨勢的影響，那是言簡意賅的金石良言難以言傳的。而完全倚賴這些經驗法則，足以造成系統性偏見、盲點和不斷重複錯誤的決策。丹尼爾·康納曼（Daniel Kahneman）在其著作《快思慢想》中，提及以下的例子：

　　害羞、沉默寡言的史蒂夫，總是樂於助人，但他對人很疏離，對世界上大多數的事情也不太感興趣。他為人溫順又愛整潔，做事井井有條，重視細節。相較於其他工作，史蒂夫更有可能成為一位圖書管理員或是農夫嗎？

　　史蒂夫的性格與陳規定型的圖書管理員的相似之處，立刻引起了所有人的注意，但同樣相關的統計數字卻總被忽視……由於農夫的人數比圖書管理員多得多，所以幾乎可以肯定，在拖拉機上（而不是在圖書館櫃檯），你會找到更多「既溫順又愛整潔」的靈魂。但我們發現，受試者往往忽略了相關統計數字所顯示的實際情況——他們完全依賴於相似性。

　　我們提出，他們利用「相似性」這種簡易啟發式的方法（即粗略的經驗法則），來做出困難的判斷。對這個啟發式方

法的依賴，導致他們的預測，出現可預測的偏見（即系統性誤差）。

　　請想想：這種思想是怎樣在投資活動中表現出來的。由於投資充滿變數，你幾乎必須抄捷徑和訴諸名言警句。李佛摩的話經常反覆地被人引用，次數之多，無人能及。例如：「投機活動由來已久，市場上沒有新鮮事，今天在股市發生的事必定會再次發生。」及「人們總說凡事都是一體兩面，但股市只有一面，既不是牛市那一面，也不是熊市那一面，而是正確的那一面。」

　　假如你是一個交易員，而你關心的主要是你「是否站對邊」，那麼，把事情簡單化可能就會讓人吃不消。股價會往哪個方向走？從哪個方向來？股價漲／跌是否由涵蓋面相對狹窄的一組類股，或是由不同產業相關的股票所帶動？投資者有多樂觀／悲觀？我個人的投資組合是否讓我無法客觀地回答這個問題……這一連串的問題沒完沒了。

　　誠然，把事情簡單化通常會帶來更好的決策，但另一方面，假如說每種情況都能夠用「一句話」來說明，這是不正確的。沒有投資者比李佛摩更讓人聯想到「啟發式思考」（heuristics）的危險性，李佛摩有好幾次賺和賠了一大筆錢，而每一次經歷，都讓他寫出簡潔而華麗的分析文章。

　　李佛摩是最知名（也許是首位聞名於世）的市場投機

客。市場參與者應該從李佛摩那裡學到的教訓是：某些時候，經驗法則是很危險的。假如你意識到自己曾說過「當市場血流成河時就大膽買進」這樣的話，那麼你最好記住：連李佛摩這位基本上創造市場金句的男子，甚至都無法堅守這些原則；「低買高賣」聽起來很棒，但就像很多事情一樣，你知易行難。

▍歷史行情想要告訴我們的事

　　李佛摩（或JL，朋友們都以這個別名來稱呼他），1877年出生於麻薩諸塞州阿克頓鎮，並在那裡長大。十四歲時他就離家前往大城市波士頓謀生，最初在佩恩韋伯證券公司（Paine Webber）[1] 擔任股票行情抄寫員，週薪為6美元。

　　年輕的李佛摩一面了解市場運作，一面把自己的模擬交易記錄在筆記本上。經過十八個月的準備，他在一家聚集業餘投資者的投機商號（bucket shop）[2] 開始進行買賣。李佛摩的第一筆交易是買進芝加哥、伯靈頓和昆西鐵路（Chicago, Burlington and Quincy Railroad）的股票，短短兩天之內，他以10美元的本金賺到3.12美元的利潤。李佛摩一舉成功，在十七歲時，他的資金已累積至1,200美元。初嘗成功的滋

1　美國證券及資產管理公司，在2000年被瑞士聯合銀行集團UBS A.G.收購。

2　意指不誠實且未登記的證券經紀商，他們利用客戶的資金，投機性地買賣股票和其他金融商品，或者接受客戶下單買賣，卻未透過交易所而進行場外交易。

味之後，他希望更上一層樓，因此決定離開佩恩韋伯公司，專心從事在投機商號的交易。

在投機商號進行買賣的人，通常都會把錢輸個精光，那些有賺到錢的人不可能長時間不被證券商發現。於是，李佛摩成了自己成功的受害者，不久以後，每家波士頓的投機商號都把他列為不受歡迎人物，不准他進場交易。這讓想繼續留在市場上的李佛摩逼不得已的離開波士頓，當時，他已累積了一筆資金和數年的操作經驗。同時，他已初嘗敗績，首次蒙受巨額虧損，而在他的一生中，相同情況將會一再重複。

1900年，年僅二十三歲的李佛摩離開波士頓前往紐約，直奔哈里斯賀頓證券公司（Harris Hutton & Co.），該公司由二十五歲的艾德華‧賀頓（Edward Hutton）經營，他後來單獨成立了賀頓公司（E.F Hutton Co.）。賀頓和李佛摩很投緣，李佛摩在此存入 2,500 美元，另外從賀頓公司獲得 2 萬2,500 美元的貸款，他將這筆資金全數投入股市。

股市行情非常好，股票報價都顯示在自動報價機所吐出的紙帶右側，李佛摩在不到一個星期的時間內就賺了 5 萬美元。但他很快就會學到，業餘與專業交易之間的差別，就像駕駛賽車模擬器與實際駕駛保時捷 917 賽車之間的差別一樣。根據作家湯姆‧魯比森（Tom Ruby thon）在《投機小子李佛摩》一書的描述，當時的交易環境是這樣的：

投機商號進行股票交易的買賣價，是以報價紙帶上的價格為準，而非以證交所大廳內提供的「實際價格」為準。現實中的證交所，報價機只是一個傳遞股價的通訊媒介，這也讓成交價與實際價格可能會有很大的差異。

1901年5月，作為專業投機客的李佛摩經歷人生首次的重大損失，這次損失是因做空交易而起的。和買進恰恰相反，做空非常適合李佛摩這個疑心病甚重的人。做空者並非低買高賣，而是試圖以高價賣出，再以低價買回，從中賺取差價。

某個星期一，在開盤之前，李佛摩發出做空交易指示：分別以每股100美元和80元的價格賣出美國鋼鐵和聖大菲鐵路公司（Santa Fe Railroad）的股票各1,000股。他動用所有資金，並借入相當於自己資金四倍的貸款來完成這次交易。換句話說，這次交易不能有半點差池。當叫價在100元和80元時，沒有人承接他的賣單；當賣出價下調至85元及65元，才開始有人承接，而這個價位正是他預期回補（空單平倉）的價格！

只不過，當市場行情事與願違的時候，李佛摩未能及時抽身，結果受到高槓桿的拖累，在短短幾個小時內，他賠了5萬美元。年僅二十三歲的李佛摩把所有錢都輸光了，事實上，他的情況比輸光身家更糟糕——他還欠他的員工500美

元。

　　他意識到：從投機商號學到的教訓和經驗，不一定能讓自己轉化為專業交易者。「就我的交易系統而言，『報價紙帶』經常在向我講述市場行情的古老歷史，但我過去都沒有注意到這一點。」

　　由於李佛摩是肯頓公司的優良客戶，該公司願意提供1,000美元的貸款給他，但李佛摩沒有接受他們的好意，因為他知道自己仍未做好承擔大事的準備，他決定重返業餘投機客的行列，他相信他可以在這個地方賺到錢。

　　問題是，當時所有位在紐約的投機商號都已關閉，而波士頓又已封殺了他，於是，他輾轉跑到了聖路易市（St. Louis）。在這個陌生的城市，李佛摩在投機商號中重操故業，在短短兩天內便賺了2,800美元，不料到了第三天，當他正要下單買賣時，有人認出了這個自稱哈瑞斯‧肯特（Horace Kent）的傢伙，就是綽號「投機小子」的李佛摩。在沒有選擇的情況下，他返回紐約，還清了那500美元的欠款，手頭上剩下2,000元的資金。

▎最危險的時刻：當你自認弄懂了什麼事

　　「股票交易員的訓練就像醫學教育一樣，醫生必須花很長的時間在學習上。」在隨後的幾年裡，李佛摩還清債務，

把多數的時間都花在自我訓練和建立資金部位上。他在二十八歲時積累了 10 萬美元的資金，但尚未締造首次的輝煌成績。

當李佛摩在佛羅里達棕櫚灘（Palm Beach）休假的時候，他憑著直覺，決定做空 1,000 股聯合太平洋公司（Union Pacific）的股票，之後仍覺得意猶未盡，於是再做空 1,000 股，接著再做空 1,000 股，這一天，他做空了 3,000 股，帳面損失 7,500 美元。翌日早上，他睡醒後又再做空 2,000 股，那時，他已建立了龐大的空單部位，決定是時候返回紐約了，在那裡他可以更有效地掌握自己的部位情況。

那時，在 2,500 英里以外的舊金山發生地震，地震持續四十二秒，方圓 296 英里範圍內的地區都感到震動，地震造成三百七十五人死亡，在地震發生後的第一週，有二十七萬七千人無家可歸。李佛摩相信「地震會導致股市崩盤」，而這種情況對他有利，但當時市場看來不為所動，於是，李佛摩將空單部位增加一倍，起初他做空另外的 5,000 股，然後他決定孤注一擲，再次將他空單部位增加一倍。

他將這種耐心等待時機、繼續持有股票的策略稱為「抱牢持股」（sitting），儘管這個投資策略難以掌握，但他仍將自己的成功歸功於這個策略。在 4 月 20 日星期五，市場終於崩盤了，他的抱牢持股策略得到豐厚回報。到了星期六，李佛摩把所有空單平倉，他賺了 25 萬美元，相當於今天的 600

多萬美元——李佛摩成為有錢人了。

　　李佛摩決定坐下來一會兒，享受他第一個豐厚成果，但他還是閒不住，很快便回到市場，再次進行做空交易。經歷過幾次重大損失後，他很快看到自己最近所取得的意外成果蒸發了90％。像往常一樣，他非常清醒地分析箇中問題：「我犯了一個錯誤，但錯在哪兒呢？在熊市裡我對市場持負面看法，這是明智之舉；我做空股票，這也是正確的，但我太早做空，因此而付出了高昂代價。我的部位是正確的，但我的時機錯了。」

　　李佛摩迅速翻身，正如眾所周知的那樣，在接下來的幾個月裡，他逢高做空，他最終得以翻本，成功解套，並且獲利，後來還累積了75萬美元的資金。

　　1907年，奧圖・海因茨（Otto Heinze）和奧古斯圖・海因茨（Augustus Heinze）兄弟聯同查爾斯・摩斯（Charles Morse）試圖軋空聯合銅業公司（United Copper）的股票[3]，結果失敗了，聯合銅業的股價在數天內從60美元暴跌至10元，三個金融大亨被迫破產。他們從幾家信託公司那裡借了一大筆錢進行軋空，試圖藉此操縱股價，當他們破產時，觸發銀行擠兌，繼而引發公眾恐慌。

3　海因茨兄弟等人試圖將市場流通的聯合銅業公司股票吸納集中，從而使市場上的賣空者，除他們之外，已經沒有其他來源補回股票，他們欲藉此乘機操縱該公司的股票價格。

當股市崩盤時，李佛摩所持有的空單，在帳面上賺了100萬美元。但由於市場缺乏流動性，當然也沒有人買他的股票了，他沒有把握能否收取利潤。最後銀行鉅子J.P.摩根（J.P.Morgan）介入救市，提供市場流動性和挽回市場信心，李佛摩便將空單平倉並賺了大錢。

1907年底，李佛摩在三十歲前已累積超過300萬美元的財富。但再一次，他並不滿足於自己的成果，他決定要讓自己在商品交易的領域更上一層樓。1908年，他移居芝加哥，在那裡全職投入商品投機事業。棉花，就是他第一次投機炒作的對象。他建立了共14萬包棉花的龐大部位，賺了大約200萬美元，這筆交易奠定了他的傳奇地位，也為他贏得「棉花大王」的外號。

1908年的年中，剛剛贏了大錢的李佛摩返回紐約，當時，他的銀行存款已有500萬美元。李佛摩在棉花期貨交易上的成功，吸引到泰迪・普萊斯（Teddy Price）的注意。普萊斯是世界上最知名和最受尊敬的棉花投機者之一，普萊斯向JL表達想一起合作的意願——普萊斯會提供相關資訊，然後JL便根據這些資訊來進行棉花期貨買賣——李佛摩馬上推辭了。

雖然李佛摩對成立合夥公司不感興趣，但他並不介意和普萊斯交朋友，兩人因此建立了非常親密的關係。他們在棕櫚灘休假時，普萊斯對期貨世界的認識把李佛摩迷住了。李

佛摩一向是從報價機中觀察所有股票的價格變動，對他來說，農作物的大小和質量並不重要。但普萊斯是商品投機的高手，在這方面擁有豐富知識，因此李佛摩非常信任普萊斯。原本JL看空棉花，普萊斯卻看好。但JL相信自己不可能比普萊斯知道的更多，於是，李佛摩將空單平倉，更開始買進棉花期貨，很快累積到16萬包棉花了。

李佛摩買棉花，同時也買二粒小麥（long wheat），這個標的有不錯的利潤。他無視自己花了多年時間來定下的規則，相反的，他賣掉那些贏錢的資產，同時加碼投資在那些賠錢的資產上。「總要賣出賠錢的東西；保留賺錢的東西。這顯然是明智之舉，也是我所非常熟悉的規則，因此，直到現在，我還是為自己做了相反的事而感到驚訝不已。」

這個投資對李佛摩帶來了損害，他犯了一個能夠即時發現的錯誤，在反思過去所犯的錯誤時，這個錯誤格外明顯。「我熟識遊戲規則，在股票和商品投機方面，也分別有十二年和十四年經驗，儘管如此，我還是做錯了，這看來是不可思議的。」

李佛摩的「搭檔」背叛了他，往他的傷口上撒鹽。當李佛摩繼續購買棉花時，普萊斯卻做空棉花——最後，JL持有44萬包、總值超過2,500萬美元棉花——他被擊敗，賠掉了450萬美元。

李佛摩曾經說過：「一個人想要在這個遊戲中生存，就

必須相信自己和自己的判斷，正因為此，我不會輕易聽信別人的意見或內線消息。假如我聽從史密斯的意見去買股票的話，我必須也聽從史密斯的意見去賣出那些股票……絕對不會，沒有人可以因為聽從別人的意見而賺大錢。」這次他真的很厭惡自己，不只是因為他在交易中站錯邊或他的預期與市場背道而馳，更是因為這次他對自己所犯的重大錯誤有直接責任，他違反了其中一條交易規則，而這些規則都是他起初學過的。

1909年，李佛摩徹底累垮了，他真是倒霉透頂，他所做的一切都以失敗告終，他自述道：

我一直在進行交易——而且輸了。我堅決相信股市最終一定能為我賺錢。但唯一結局就是我的錢都賠光了。

李佛摩的好運來了。有一個證券商表示，願意向李佛摩提供 2 萬 5,000 美元的貸款作為交易用途。投機小子享有「積極進取的做空者」之盛名，而該證券商想讓人們知道李佛摩在他們那兒進行買賣，這樣就沒有人會懷疑他們的大客戶在大舉拋售股票。

李佛摩很快便把 2 萬 5,000 美元的本金翻成 12 萬 5,000元，但好景不長。當他試圖做空 8,000 股巴爾的摩・切薩皮克和大西洋鐵路（Baltimore, Chesapeake & Atlantic）的股票

時，高級經紀人把李佛摩叫到他的辦公室，他告訴李佛摩說：「傑西，現在不要做任何有關切薩皮克與大西洋鐵路股票的交易。你這次做空8,000股的做法非常糟糕，我今早在倫敦替你平掉空單部位，並建了多頭部位。」就這樣持續了好幾個月，那個經紀人以傑西的名義持續買進更多鐵路股票。李佛摩終於意識到經紀人正在利用他；該名經紀人的其中一個客戶正在彌留之際，手上有很多待售的鐵路股票，而李佛摩買進了這些股票，與此同時，股價持續向下調整。

李佛摩第二次受騙了，這一次，他完全無法走出陰霾。在之後的幾年間，他累積了超過100萬美元的債務而無力償還。三十八歲時，他宣布破產。

李佛摩決意要捲土重來，他需要一條生命線，這條生命線就是融資貸款，但根據破產令的執行細節，他不能舉借新債務。他決定回去找那個在六年前欺詐了自己的經紀人，那個經紀人拒絕了他借錢的請求，但告訴他，若遇到中意的公司，大可買進500股。

李佛摩觀察市場行情並等待良機，後來他買進伯利恆鋼鐵公司（Bethlehem Steel Corporation）的股票，在短短兩天內，賺了3萬8,000美元。市場行情上漲，他很快就賺進20萬美元了。

▌「不再犯同樣的錯」本身就是一個錯誤

　　第一次世界大戰時，股市牛氣沖天，而 1915 年是道瓊指數表現最好的一年，在這一年間，道指飆升了 82％。在不到兩年的時間，股價翻了一倍，而李佛摩再次做出正確判斷，就是在牛市時看漲。還差一年就滿四十歲的李佛摩東山再起了。

　　1918 年 11 月，一戰結束後，李佛摩的交易對象從股票轉到商品期貨。他建立了一套完整的交易模式，在投資方面已達到登峰造極的境界。到了 1923 年，他每年可賺取 300 萬美元；在 1923 年底，他累積了 2,000 萬美元的財富。在繁榮興旺的 1920 年代，他是一隻小心翼翼的熊，而不是一隻樂觀的牛。他早在 1927 年就開始做空，在此期間，只採取了一些試探性操作策略，一路都有小虧損。

　　1929 年秋天，李佛摩的空頭部位處於歷史新高，合計共 4 億 5,000 萬美元，涵蓋一百檔股票，他即將迎來生涯的獲利新高。從 10 月 25 日到 11 月 13 日，道指下跌了 32％，在那十一天內，大盤跌幅 5％達七次之多。李佛摩把所有空單平倉，獲利總值 1 億美元（相當於今天的 14 億美元），他成為全球首富之一。這將會是李佛摩交易能力的巔峰。

　　股票市場終於在 1932 年 7 月觸底。在這次股市崩盤中，無人能倖免於難，股市市值僅為三年前的 11％。當股市觸底

時，股價如橡皮筋般被拉伸得過於嚴重，以致出現前所未有的最強勁反彈。直到今天也是如此。在接下來的四十二天裡，道指爆漲93%，但這一次，李佛摩看錯後市，做了錯誤的投資決定，他被徹底擊敗了。當李佛摩把空單平倉後，還犯了最後一個錯，就是在股市最高點的時候大買股票。而那次反彈後來被證實只是「死貓反彈」（dead cat）[4]，之後市場再次暴跌，自1932年9月至翌年2月，股價大跌近40%。他在前次崩盤中做空所賺到的錢都賠光了。

李佛摩應該做多時卻做空，應該繼續做空時卻迅速改變策略，由做空轉為做多，他因此而失去一切。1934年，他第二次宣布破產，欠下三十個債權人共500萬美元的債務。李佛摩第二次宣布破產，在之後的幾年，他勉強度過了難關。新成立的證券交易委員會（SEC）推行新的法規，李佛摩需要一段時間去適應。根據這些法規，過去他所使用的許多交易手法和策略現在都是違法的，如果不遵守這些新規定，會受到重罰。有一次，李佛摩有這樣的反思：

我一生都犯錯，但在賠錢的過程中，我累積了豐富經驗，並學到了許多「不應該做的事」，這些都是寶貴知識。我有好幾次落到身無分文的地步，雖然如此，我從來沒有被

4　意指股價大幅下跌後短暫地小幅回升。

洗出市場，把所有的錢都輸光，否則，我現在也不會在這裡了。我一直確信我會有另一次機會，不會再犯同樣的錯誤。我相信自己。

然而，1939年李佛摩最後一次嘗試東山再起，卻以失敗告終，無法創造另一個奇蹟，他失去了機會。1940年11月29日，他結束了自己的生命。根據法庭記錄顯示，李佛摩資不抵債，他留下的資產市值10萬7,047美元，比他總計46萬3,517美元的債務少了數十萬美元。

諷刺的是，這位有史以來最常被引用的交易員，他的風險管理竟表現得如此差勁。所有的名言警句和學到的教訓都沒能讓李佛摩逃過四次破產的厄運。最終他學到真正的教訓，但已經太遲了，他提到：

假如一個人既聰明又幸運，同樣的錯他也許不會犯第二次，但是他仍會犯下一萬個原先錯誤的「兄弟」或「表兄妹」。錯誤這個家族太龐大了，當你想知在傻瓜劇中你能做些什麼時，總會有其中一個在你左右。

投資行為帶有不確定性，所以我們永遠不能對自己說：「我永遠不會再讓這種事情發生！」當然，你不會重複犯下特定的錯誤，例如以三倍槓桿買進反向指數基金（ETF）並

持有它三個月，這是你做過一次之後就永遠不會再做的事情。但正如李佛摩所說，錯誤家族太龐大了，我們無法避免所有錯誤，而且，再多的市場報價都不會改變「虧損是投資的一部分」這個事實。

　　風險管理是投資的一部分；重複錯誤也是投資的一部分，這一切都是投資的一部分。假如你專注於避免那些因自己判斷錯誤所造成的失誤，你就不需要再依賴精警的市場錦囊，那些錦囊聽起來真的很棒，但它只是帶給我們一種錯覺而已。

學會賠錢就是
十倍獲利起手式

假如你對一個人熟悉已久，表示你已找到伴侶了。

——馬克・吐溫（Mark Twain）

美國文學巨擘

■ Profile／馬克‧吐溫（Mark Twain）

不僅是舉世聞名的大作家，馬克吐溫也是當代最活躍的投資人之一。曾投資過電報、印刷機等創新發明，但卻因為不擅於風險控管，令其投資屢戰屢敗，最終導致破產，結束了讓自己風光一時的出版社。

　　當我們把口袋裡的錢用作投資的時候，會期望這些錢變得更有價值，但是當結果不盡如人意時，我們不願意承認錯誤。我們自然傾向抱著表現不濟的資產，不會及時抽身，因為這樣做的話，我們就能延緩失敗，維護自尊。

　　小損失的問題在於：在小損失變成大損失的過程中，人們不會輕易放手。在金融世界裡，除了希望，沒有東西是永恆的。當5％的損失擴大至10％時，我們會不置可否；當虧損再擴大至20％時，我們會感到恐懼；當虧損進一步擴大時，我們感到極度恐慌。在這個時候，腎上腺素蜂擁刺激到我們大腦中的一千億個神經細胞，我們變得不知所措——下丘腦，也就是我們「搏鬥或逃跑」的系統，讓我們的理性思考停止了。

　　「當我回本時我就會離場。」曾幾何時，這種有毒思想在任何買過股票的人的耳邊呼喚。股價下跌的不幸現實是，消弭股價下跌並最終回本的數學，需要不尋常的作為。要填補20％的虧損需要25％的漲幅，而不是20％的漲幅。洞越深，越難爬出去。假如你輸掉80％，你需要獲利400％來賺回你的本金。

　　對沖基金經理人大衛・恩洪（David Einhorn）以一番精警的話來說明堅持抱著賠錢股的危險：「你怎麼看待大跌90％的股票？也就是股票價格下跌80％，然後再蒸發了一半。」換言之，當股價從100元暴跌至20元，這並不意味著

它不可能輕易跌至 10 美元。

當我們的投資部位處於虧損狀態時，我們很容易抱著它不放，但更甚者，我們加碼買進，結果更容易讓問題變得更加複雜。假如你因為用 100 美元的價格買進一檔股票而感到欣喜，你可能會發覺 90 美元的價格更有吸引力，但問題是：市場上有太多股票一沉不起，永無翻身機會。事實上，自 1980 年以來，有 40％的股票下跌了 70％，而它們從來沒有收復失地。加碼投資處於賠錢的部位拖垮了許多投資者。

▌一場糟糕透頂的投資歷險記

大多數人都認識以「馬克吐溫」為筆名的大文豪，馬克吐溫的真名是撒繆爾・克萊門斯（Samuel Clemens）。大多數人都知道馬克吐溫是個幽默大師和作家，但克萊門斯就是一生伴隨馬克吐溫的名字，這人耗費馬克吐溫的財富。在《追逐最後的笑聲》（Chasing the Last Laugh）一書中，作者札克斯（Richard Zacks）說：「馬克吐溫是一位糟糕透頂的投資者，他絕對是個容易受騙的人，容易栽進愚蠢的計劃中；《無知、自信和骯髒的富有朋友》（Ignorance, Confidence, and Filthy Rich Friends）一書的作者克拉斯（Peter Krass）則說：「美國收入最高的作家做了糟糕透頂的投資，他為此已成功地耗盡自己的財產，就連身為家族煤炭生意繼承人的妻子也不能倖

免。」

馬克吐溫花了很長的時間才能回本，因為他從來沒有明白關於「洞」的法則——當你已經身在洞裡的時候，就別再挖了。他將 17 萬美元的資金——相當於今天的 500 萬美元——投資於一台機器，他對這台機器寄以厚望，期望它成為一台帶來革命性影響的機器。[1]

雖然他的投資經常為自己帶來壓力，但這些投資倒是為世界帶來了一些睿智名言：

「人生有兩個時刻不應該投機，其一，是當他沒有能力時，其二，是當他有能力時。」

「銀行家是晴天借你雨傘，雨天就要收回的人。」

「這會是先見之明，但當事後諸葛是我的專長。」

「我總是等機會錯過了，才發現我曾有過機會。」

小說家海明威（Ernest Hemingway）曾經說過：「所有的美國現代文學，都啟發自馬克吐溫的著作《頑童歷險記》（*Adventures of Huckleberry Finn*）。」馬克吐溫從 1876 年開始撰寫這本書，他花了差不多十年的時間才完成寫作——原本他打算花兩個月就可以完成了，只因為這本書只是次要的，他有更重要的事要優先處理，例如追求財富。

馬克吐溫寫了一張投資失利的清單，這張清單比藥房收

1　編注：馬克吐溫成名的早年，曾在友人遊說之下投入打字機的研發，前後投入大筆資金，歷時數年仍無功而返。

據還要長。他開始嘗試拿著鏟子和股票證書涉足金礦業。他對這些經驗感到厭倦，有感而發地說：「礦井是地下的洞，站在洞旁的是個騙子。」

馬克吐溫特別迷上了發明家。他砸錢投資紐約蒸氣公司（New York Vaporizing Co.），這家公司計劃改良當時的蒸汽機，當然這個計劃最終沒有實現。不單是未能達成目標，而且在這段期間，馬克吐溫為那位發明者提供源源不絕的資金──每週35美元。馬克吐溫回憶說：「他每隔數天就會向我匯報研發的進展，我留意到他的呼吸和步態，發現他每週花費36美元來買威士忌，我一直沒搞清楚他是從哪裡得到另一張1美元紙鈔的。」

此外，馬克吐溫投資了Plasmon濃縮奶粉、蒸汽滑車和一家名為赫德福的保險新創公司（Hartford Accident Insurance Company）。他對於這些總是賠錢的風險投資愈來愈感到厭倦，他寫信給一個同行作家說：「要是你的書，可以告訴我該如何消滅那些發明家的話，請給我九本吧！」

馬克吐溫也重蹈前人的覆徹，在錯誤的時間點買賣股票，因此而賠了大錢。其中一個例子是俄勒岡州橫貫鐵路（Oregon Transcontinental Railroad），他在每股78美元的高點買進，並在12美元的低點賣出該公司的股票。談及這次經驗，他懊惱地說：「我再也不想看股票報告了。」

這些經驗不僅讓他犯下會計學上的記帳錯誤（errors of

commission），以及遺漏錯誤（errors of omission），也許還把
更深的怨恨帶進他的靈魂裡。

　　馬克吐溫在一個名為「kaolo-type」的印刷雕刻程序上浪
費了4萬2,000美元，這個程序原本是要用來徹底改良書籍
插圖印製的（實際上卻做不到）。後來，他決定拒絕投資貝
爾（Alexander Graham Bell）的電話產品。當時，馬克吐溫
的朋友霍利將軍（Joseph Roswell Hawley）辦了一份名為「哈
特福德新聞報」（*Hartford Courant*）的報紙，他邀請馬克吐溫
到他的辦公室跟貝爾會面，聽貝爾向投資者推銷自己的產
品。馬克吐溫說道：「（貝爾）相信這個產品會帶來龐大財富，
他希望我能購買一些產品，我拒絕了。我告訴他，我不想再
做倉卒的投機。然後他提出以25美元的價錢，將那些產品
賣給我。我回答說無論什麼價錢，我都不想買。」

　　當馬克吐溫從歐洲度假回來時，他在鎮上遇到一個老職
員，此君可用來投資的錢不多，但卻將所有錢押寶在貝爾的
電話產品上，並因此發了大財。馬克吐溫感慨地說：「愚昧
和沒有經驗的人，往往得到他們不配擁有的成功；而擁有知
識和經驗的人卻往往失敗，這太奇怪了。」要是你覺得這番
話是吃不到葡萄說葡萄酸，那麼正是如此。馬克吐溫也許有
投資經驗，但都只是不勝枚舉的失敗經驗，形容他「見聞廣
博」的人，這話未免說得太隨便了。

　　不僅投資其他人的產品，馬克吐溫更有很多自己的主

意，包括：撐起褲子的鬆緊帶、附有自黏內頁的剪貼簿，以及手提式日曆……不勝枚舉，他的侄女婿韋伯斯特（Samuel Charles Webster）曾經寫道：「他嘗試成為另一個愛迪生、莎士比亞和其他一些偉人。」

馬克吐溫在賭博時，手裡的籌碼不多，即便贏了錢，他也不會見好就收。讓他在投機交易上輸掉更多錢的資金，都是來自於韋伯斯特出版社（Webster & Company）的收入，這家出版社是他在1885年創辦的。

出版《格蘭特將軍回憶錄》（Ulysses S. Grant Personal Memoirs）是他們的第一筆交易，這部著作獲得空前成功，創下了六十萬冊的銷量記錄。由於該書的出版條件極為優厚，格蘭特的家人得到40萬美元的報酬，這個金額相當於今天的1,200萬美元。當時出版業的標準版稅率為定價的10%，馬克吐溫提出以「淨利潤」的70%作為報酬，淨利潤是扣除印刷費和其他開支而計算出來的。儘管和前任總裁簽訂這個糟糕的商業協議，韋伯斯特出版社卻有一個很好的開始。

只不過，正如同馬克吐溫一生中經歷的大多數事情一樣，這家出版社也將慘淡收場，生意上的虧損將會使公司的成功與他的人生戛然而止。在這件事情上，馬克吐溫拒絕服輸，他越跌越買，結果就是蒙受巨大損失，遠超過他在其他投資損失的總和。

▌進場前，先決定你「願意賠多少錢」

　　詹姆斯‧佩奇（James Paige）的排版機在1874年獲得專利，他預計這個由1萬8,000個組件所組成的機器會取代以往用人工操作的類似機器。佩奇在1880年碰上馬克吐溫，並說服他投資這個產品——雖然佩奇很可能不須為此多費唇舌——兩人簽訂了一份條款非常苛刻的合約。馬克吐溫獲得利潤的前提是，「自己要承擔所有支出」，直到該部機器的製造完成為止。更糟糕的是，他還承諾每年支付7,000美元給佩奇，直到產品開始獲利為止。馬克吐溫被自己的狂妄自大蒙蔽了眼睛，他竟然還稱讚佩奇為「機械發明的莎士比亞」。

　　過了一段時間，等到錢都燒光了，馬克吐溫這才批評佩奇說：「此人口甜舌滑。當他在場的時候，我總會相信他，沒辦法；等到他離開後，我對他的信任就不復存在了。他是個最勇於冒險和儀表堂堂的騙子！」在十九世紀末，美國經歷了截至當時最嚴重的經濟衰退。在1893年經濟大蕭條期間，共有多達五百家銀行破產，一萬五千家企業倒閉。馬克吐溫和韋伯斯特出版社也不能倖免。

　　無論馬克吐溫告訴自己多少次，自己跟佩奇（還有其推託之詞）再無任何瓜葛了，但他仍學不會檢討自己，承認自己錯了。想像一下：當你在金錢、精神和情感上都傾盡所有、全力投入一項投資，最終竟要自己承認失敗，這會有多麼地

痛苦。在生活中，尤其是在「投資」方面，很少會有比「承認錯誤」更加令人難以啟齒的事情。

　　馬克吐溫有一個號稱是「地獄之犬」的朋友——亨利・羅傑斯（Henry "Hell Hound" Rogers），此人是洛克菲勒（John Rockefeller）旗下標準石油公司（Standard Oil）的合夥人，富甲一方。在羅傑斯的幫助之下，他們接管了佩奇的排版機業務。為了讓公司的生意能夠維持下去，馬克吐溫找到了兩個新的投資者，其中一位是布拉姆・斯托克（Bram Stoker），即後來出版小說《德古拉》（Dracula）的作者；另外一位是著名的演員亨利・艾爾文（Henry Irving）。

　　當佩奇排版機公司存放在《芝加哥先驅報》（the Chicago Herald）的機器出現運轉問題時，也讓該公司最後一絲的翻身機會消弭無蹤。羅傑斯是個認真的商人，與馬克吐溫不同，他能夠果斷地進行停損。但對馬克吐溫來說，壯士斷腕並不是一件容易的事。當馬克吐溫接到自家排版機出了問題的消息時，他正在法國旅行。

　　他給羅傑斯寫了一封信，鬱悶之情溢於言表。他在信中表明，他感覺自己與這部幾乎「好像是人」的機器聯繫在一起。

　　1894 年 12 月 21 日，佩奇公司結束營業。最終，只有外人有能力替馬克吐溫停損。若沒有羅傑斯，馬克吐溫很有可能把這座無底錢坑帶進他的墳墓去。投資排版機的損失總

額，估計相當於今天的500萬美元左右。出於衝動，馬克吐溫勉強維持該公司的營運，他的財源因此陷入枯竭，這也是韋伯斯特出版社經不起大蕭條衝擊而倒閉的一個主要原因。馬克吐溫寫道：「我對做生意感到非常厭倦，我天生就不是做生意的人……我不想幹了！」

　　經濟大蕭條導致他股票與債券的投資組合，總值10萬美元的資金幾乎全數蒸發，變成壁紙。1894年4月18日，在別無選擇和缺乏資金的情況下，韋伯斯特出版社宣佈破產。海倫・凱勒（Helen Keller）說：「有時他（馬克吐溫）彷彿把天堂裡的所有大炮，都對準了入侵的老鼠，對其展開猛烈轟擊。」由此你可以想像，當報紙開始攻擊馬克吐溫時，他的感受會是如何。

　　馬克吐溫在市場上的重大失利，也帶來了一系列睿智名言，他提到：「十月份是股票投機最危險的月份之一。而其他最危險的月份包括——七月、一月、九月、四月、十一月、五月、三月、六月、十二月、八月和二月。」一份報紙引述了這句話，並將「股票投機」改為「一個作家做生意」。冷嘲熱諷的話從四方八面湧來。

　　《舊金山新聞報》（The San Francisco Call）寫道：「馬克吐溫的失敗是他一手造成的，但他還打算在全世界舉辦巡迴演講，談論這個話題。」馬克吐溫對公眾意見非常敏感，他曾經說過：「公眾是唯一的批評者，他們的判斷值得聽取。」

面對排山倒海的批評聲浪，馬克吐溫用自己唯一擅長的筆與一塊油畫布，作出這樣的回應：

　　有報導說，我為了維護債權人的利益而犧牲了我出資支持的出版社；又說，我現在舉辦演講活動是為了自己的利益。這都是錯的。我演講和處理出版社資產的出發點，都是為了債權人著想。法律不承認以人腦作為抵押品，一個商人已經付出所有，他可以利用破產法規擺脫一無所有的窘境。但我不是生意人，而榮譽比法律更嚴屬。欠債還錢，沒有折衷和妥協的餘地。還有，「榮譽損失」是一筆永遠具備法律效力的債務，它是不會一筆勾銷的。

　　在五十九歲成熟而知天命之年，馬克吐溫著手償還債務，對象包括一百零一名在他申請破產時提出索賠的債權人。為了擺脫財務困境，他展開了全球巡迴演說之旅。他走遍全美各地，前往澳洲、紐西蘭、印度、南非和歐洲。到了1898年，他已還清欠債，要應付新的金融冒險旅程是綽綽有餘的。

　　即便馬克吐溫解決了債務問題，但卻從未失去投機的基因。他對幫助自己在股票市場裡賺大錢的朋友羅傑斯說：「別丟下我，我想加入其他資本家的行列。」

　　風險與回報是息息相關的，兩者之間有著緊密的關聯。

只不過，多數時候我們都只是承擔風險而得不到回報。當我們的交易帳戶面對風險時，你必須收起鴕鳥心態，面對現實。當你買賣投機性資產時，最重要的是要學會控制損失。被紙張邊緣割到的傷口雖然會有刺痛感，但很快就能痊癒，相反的，獵槍所造成的傷口就需要長時間才能癒合。

　　避免災難性損失的最好方法，就是在投資前必須先決定你「願意賠多少錢」，這是按百分比或是以金額計算，這麼做的好處在於，你是以邏輯而不是以恐懼來做決策，也不會因為跟某個投資部位有著情感聯繫而左右你的決定。

　　就在馬克吐溫從破產中走出來的數年後，他再次砸了1萬6,000美元在「美國機械收銀員」（American Mechanical Cashier）這間公司上，一如既往，他對這項投資寄予厚望。八個月過去了，依然是徒勞無功。在一個接著一個的承諾跳票和似曾相識的感覺襲來之後，馬克吐溫選擇抽身而退──他汲取教訓了。

市場亂葬崗上
充斥最聰明的人

> 投資成功的關鍵，絕對不是取決於你的聰明才
> 智，而是取決於嚴明的紀律。
>
> ——威廉‧伯恩斯坦（William Bernstein）
>
> 《繁榮的背後》作者

梅利韋勒在1994年成立長期資本管理公司，專門進行
高槓桿的絕對報酬交易策略，起初曾獲得年化報酬率
40%的成功，然而在1998年俄羅斯金融危機時，短短
四個月就造成46億美元的巨大虧損。

　　就像那些少數的天才一樣，牛頓（Isaac Newton）提升了人類的科學和思考水平。牛頓的智商高達190，能夠以人手計算到小數點後第五十五位的數字，他的智慧遠遠超越達爾文（Charles Darwin）和霍金（Stephen Hawking）。但縱使他有一顆聰明的腦袋，他還是無法避免成為人類最原始的本能──貪婪和嫉妒的獵物。

　　1720年，當南海公司（South Sea Company）的股票價格開始上漲，歇斯底里的情緒席捲倫敦街頭時，牛頓發現自己處於危險的景況。他買進並賣出了該公司的股票，獲得100％的報酬，在不到六個月內，南海公司的股價漲了八倍，且股價繼續攀升，漲勢並沒有因為牛頓決定獲利了結而停止。

　　牛頓無法忍受後悔的感覺，於是再度入市買進南海公司的股票，這次他動用的資金相當於最初投入金額的三倍，當他重新入市時，南海股價已將近觸頂，但這次他並沒有多賺一倍的錢，反而幾乎賠光了。當泡沫爆破的時候，在短短四周的時間內，該公司的股價就暴跌了75％。

　　這次投資失利讓牛頓相當沮喪，據說他在餘生中不想再聽到「南海」這兩個字。他上了昂貴的一課：在嘗試讓錢滾出更多錢時，人類的智慧會有多高？當被問及市場走向時，牛頓回答說：「我能計算天體運行的軌跡，卻無法計算人類的瘋狂程度。」牛頓實際上是世上絕頂聰明的人之一，但像他這樣的人在看到別人致富而自己卻沒有時，也無法忍受因

此而產生的強烈感覺。

　　許多投資者面對的其中一個問題，就是我們都覺得自己有一點點牛頓的特質——我們都覺得自己不是平庸之輩。1977年進行了一項經典研究，題目為「大學教育的問題，不是能不能而是會不會得到改善」，根據該項研究指出，有94％的大學教授認為自己的教學能力高於平均水平。假如交易員和投資者被問到相同的問題，我估計會有十分相似的結果。你不必成為愛因斯坦（Albert Einstein）就能意識到實際情況並非如此，正如蒙格曾經說過的話：「人生的金科玉律是，只有20％的人能位列前五名。」

　　要加入世界上規模最大、歷史最悠久的門薩學會（Mensa）成為會員，在任何標準智力測驗中，成績必需達到前2％考生的分數，這意味著光是在美國就有400至500萬名天才橫溢的成年人，有資格加入這個享有盛譽的學會。當你在線上買賣股票時，同時間有很多這類超強對手正等著要跟你交易。所以，高智商不能保證什麼！市場並不會因為你是聰明人而給你報酬，這是投資新手所面對最棘手的問題之一。「原始智力」只是一個先決條件，讓你有機會經歷投資帶來的好結果，而這個結果並非單單取決於聰明才智，因為市場並不是一條直線，市場充滿變數，大部分的數學公式最終都會失效，即使這些公式以前都管用。

　　你從一副撲克牌中拿到黑桃九的機會是五十二分之一，

然而，考慮到 x、y 和 z 因素，你無法計算經濟衰退的機率。就風險資產來說，一加二未必會等於三，而且，有許多人自以為能夠找到自己的交易模式，這種模式能讓他們勝過大盤，獲得高於平均水平的報酬，投資者的亂葬崗上充斥著這些人。

投資智慧不是絕對的，而是相對的。換言之，你有多聰明並不要緊，重要的是「你的競爭對手有多聰明」。查爾斯‧艾利斯（Charlie Ellis）在 1975 年發表以《投資終極戰》（*The Loser's Game*）為題的文章中，成功地把這個想法帶給讀者，他指出：「在過去三十年，已經有太多天才橫溢、意志堅定和雄心勃勃的專業人士進入投資管理的領域，他們也許不能再利用其他人的錯誤來勝過市場，因為不論在次數還是在數量上，他們從別人錯誤所獲得的益處，都不足以讓他們取得優於市場平均水平的報酬。」雄心勃勃的專業人士不僅進入投資管理的領域，也帶來了許多電腦力量，這些機器永久改變了投資格局，過去很多被認為是出色的策略績效現在僅被視為是標準而已。

在 1950 年代，交易是由個人投資者主導。現今，幾乎擁有無限資源的機構投資者佔每日交易量的 90%；全球有三十二萬五千台彭博終端機，以及十二萬名特許金融分析師（CFA）。這個以科技主導和資訊爆炸的時代締造了公平競爭的環境。

▌假如你的交易團隊，每一個人都是愛因斯坦？

　　說到任何涉及技能和運氣的活動（投資顯然是一種），隨著技能和智力的提升，「運氣」或「機會」對投資結果的作用與日俱增。華爾街的王牌分析師麥可・莫布新（Michael Mauboussin）曾多次寫到關於這個看法的文章，他稱之為「技能悖論」（paradox of skill），重點是，市場裡熟練的參與者多不勝數，因此，光靠智力並不足夠，市場參與者必需擁有其他技能。要了解天才及其局限性，研究長期資本管理公司（LTCM）的約翰・梅利韋勒和他的一幫「愛因斯坦」就是一個不可多得的好案例。

　　梅利韋勒於1994年創立長期資本，在此之前，他在投資銀行所羅門兄弟（Salomon Brothers）擔任副董事長暨債券套利部門主管，在那裡經歷了二十年的傳奇職業生涯。他任職於所羅門兄弟期間，圍繞在他身邊的都是一些行業內最聰明優秀的人才。同樣在所羅門兄弟開展職業生涯的麥可・路易士（Michael Lewis）在《紐約時報》寫道：「梅利韋勒就像一個天才橫溢的編輯或才華出眾的導演：他擁有敏銳的眼光和良好的說服力……梅利韋勒擔起了責任，著手打造有點像地下鐵路之類的東西，這條『鐵路』將最好的金融和數學研究生課程，直接運送到所羅門兄弟的交易大堂裡去。經濟學家羅伯特・莫頓（Robert Merton）後來成為所羅門兄弟的

顧問，再之後成為長期資本的合夥人，他抱怨說，梅利韋勒正在偷走整整一代的學術人才。」

這一代學術人才，包括畢業於麻省理工學院，在哈佛商學院擔任助理教授的羅森佛德（Eric Rosenfeld），以及在倫敦政經學院獲得金融碩士學位的黑格哈尼（Victor J. Haghani）。他的團隊中還有在麻省理工學院獲得金融經濟博士的霍金斯（Gregory Hawkins），以及在麻省理工學院獲得雙學位的希利博蘭（Lawrence Hilibrand）。除了明星學者及交易員之外，長期資本還聘用了美國聯準會（Fed）的前副主席大衛‧馬林斯（David Mullins）。梅利韋勒的目標是要超越所有人，而他在這方面的優勢持續了一段很長的時間。

他這個薈萃奇才精英的團隊將會成為所羅門兄弟內最強大和最賺錢的組合。在該公司執行長約翰‧古弗蘭（John Gutfreund）享有350萬美元年薪的那一年，梅利韋勒的酬金據報高達8,900萬美元。但後來發生的美國國債拍賣醜聞[1]，對該公司帶來嚴重衝擊，梅利韋勒被迫辭職，過了不久，他的忠實信徒也跟隨他離開所羅門兄弟。

隨後，梅利韋勒創辦長期資本管理公司，並招攬了金融學術界的兩大巨頭，後來這二人均獲得諾貝爾獎。其中一人便是莫頓，他是哥倫比亞大學工程數學科學學士、加州理工

1　編注：1991年美國國債市場爆發所羅門兄弟公司違規投標國債的醜聞，致使這個龐大的金融帝國幾近崩潰，最終在巴菲特出手拯救下才免於破產命運。

學院的科學碩士及麻省理工學院經濟學博士，在加入所羅門兄弟之前，莫頓任教於麻省理工斯隆管理學院，直到1988年，才轉往哈佛大學任教，他的資歷無懈可擊，而且他對金融世界舉足輕重的影響力怎麼說也不為過。衍生性金融商品專家史丹·喬納斯（Stan Jonas）曾經說過：「在金融領域，絕大部分的東西都是莫頓在1970年代行事的註腳。」

梅利韋勒同時也延攬了邁倫·斯科爾斯（Myron Scholes），斯科爾斯是「布萊克－休斯期權定價模型」（Black-Scholes Model）的兩位創立者之一，他在芝加哥大學布斯商學院獲得企業管理碩士和博士學位，其後任職於斯隆管理學院，後來返回芝加哥教書。

現在你應該很清楚，長期資本的人才鼎盛，而且他們確實都是首屈一指的人才。在《財星》（Fortune）雜誌的一篇文章中，凱洛·盧米斯（Carol Loomis）說：「該公司每平方英呎的智商分數，也許比其他任何現存機構的都還要高。」他們完勝其他人，他們是知道的。斯科爾斯曾這樣形容這個團隊：「我們不只是一檔基金，也是一家金融科技公司。」

長期資本的最低投資金額為1,000萬美元，管理費用分別為2和25，高於行業慣例標準的2和20，他們高昂的最低收費和高於平均水平的費用並沒有阻止投資者的投資熱情。最聰明的人吸引了最聰明和最大的客戶，包括美林證券總裁

柯曼斯基（David Komansky）、普惠證券資產管理公司[2]（Panie Webber）的執行長馬龍（Donald Marron）和貝爾斯登（Bear Stearns）的執行長凱恩（James Cayne）等。

　　此外，他們還吸引了諸如臺灣銀行、科威特退休基金和香港地產及發展局等大型機構投資他們的基金，甚至是意大利中央銀行也參與投資。眾所周知的是，意大利央行過去從未投資過對沖基金，但他們這次投入了逾1億美元的資金。

　　長期資本成立於1994年2月，資產規模達12億5,000萬美元，以當時來說，這是前所未有、規模最大的對沖基金。打從一開始，他們的表現就非常出色。在成立後頭十個月內，他們的報酬率達20%；1995年的報酬率為43%；1996年則為41%，收益高達21億美元。羅溫斯坦（Roger Lowenstein）在其著作《當天才失敗》（When Genius Failed）中描述道：

　　　　換個角度來說，這一小群交易員、分析師和研究人員不為一般人所熟識，他們從事最神祕而晦澀難懂的行業，但當年，他們的收益比麥當勞在全球銷售的收益還要多，也高於美林證券，迪士尼、全錄（Xerox）、美國運通、西爾斯百貨（Sears）、Nike、朗訊（Lucent）和吉列（Gillette）的全年收益，這些都是美國最佳企業與最知名的商業品牌之一。

2　當時為美國第四大證券商，後來被瑞士聯合銀行集團收購，更名為瑞銀普惠（UBS Painewebber）。

▍年化報酬率40%的對沖基金之死

　　長期資本誠然是鴻運當頭，他們有高而穩定的回報，在
虧損最多的一個月，基金的報酬率也只下跌了2.9％，績效
好得令人難以置信。1997年秋天，莫頓和斯科爾斯雙雙獲
得了諾貝爾經濟學獎。《經濟學人》（The Economist）雜誌對
他們的成就做出如此評論：「（他們將）風險管理從一個猜謎
遊戲轉變成一門科學。」他們的基金持續獲得正回報，並成
功地將資金增加三倍，且沒有出現季度虧損的情況。

　　但好景不常，因為在華爾街，這樣的致勝策略往往不能
持久，投資大豐收引起酸葡萄心理，最終，每個交易祕密都
會被洩漏出來，長期資本的套利策略[3]也不例外。正如該公
司的交易員羅森佛德（Eric Rosenfeld）所說：「其他人開始
迎頭趕上，我們要進行交易，但機會卻稍縱即逝。」因為機
會越來越難得，在1997年底，他們的基金漲了25％後（扣
除17％的淨費用），他們決定退還27億美元的資金給原先的
投資者。他們退還所有於1994年以後投入的資金，以及所
有在1994年之前獲得的投資收益。

　　這麼一來，有些問題便浮現出來，因為他們找尋的投資
機會起初並不涉及龐大金額，因此策略上他們需要使用大量

3　意指在某個市場以較低的價格買進某種資產，幾乎同時在另一個市場以較高的價格
　　賣出該資產。套利交易涉及外匯、黃金、債券、股票及期貨等資產。

槓桿，但當他們退還27億美元給投資者時，他們並沒有調低倉位，所以他們的槓桿比率從18：1攀升至28：1。盧米斯[4]指出，長期資本沒有打算要追求高報酬，他們相信風險處於低水平，但他們在美國和歐洲地區的槓桿比率都飆升了。每當這些市場的波幅（Volatility）上升一點，長期資本約4,000萬美元資產就會面臨風險。

　　他們的持倉金額一度高達1兆2,500億美元，而槓桿比率則高達100：1，這個槓桿比率將會引發其中一件史無前例最大規模的財富蒸發事件。

　　在1998年5月，當美國債券和國際債券之間的利差擴大，差距幅度比他們相關模型預期的還要大時，長期資本的基金下跌6.7％，到那時為止，這個跌幅是按月計最大跌幅，在六月份，跌勢持續，基金再下跌10％。與此同時，他們正在盯著油價，看著油價在1998年上半年下跌了14％，而俄羅斯處於長期資本下行漩渦的中心，在1998年8月，當石油（俄羅斯的主要出口產品）價格下跌了三分之一，而俄羅斯股票價格全年暴跌了75％時，短期利率飆升至200％。其後，梅利韋勒和他的同事們面臨突如其來的問題，並帶來災難性的影響，世界上所有最優秀的能人智士都無法拯救他們脫離迎面而來的險境。

4　此處意指美國盧米斯賽勒斯資產管理公司（Loomis Sayles & Company）。

　　長期資本將金融科學推向了極致，達到了理智的極限。
他們冷靜地計算旗下投資組合裡每個部位波動的機率。1998
年8月，他們計算出每日的風險價值（VAR）[5]為3,500萬美
元。8月21日這一天，他們錄得了5億5,000萬美元的虧損，
他們的信心應該徹底動搖了——那天是終結的開始。

　　截至八月底，他們已經損失了19億美元，從年初至今，
他們的基金下跌了52%。死亡漩渦完全發揮作用。在9月10
日星期四，該公司損失了5億3,000萬美元；翌日再損失了1
億2,000萬美元；在隨後的五個交易日，跌勢未止：在星期
一，長期資本再損失了5,500萬美元；星期二，損失了8,700
萬美元；9月16日星期三，情況特別惡劣，他們損失了1億
2,200萬美元。就像《聖經》中記載的瘟疫一樣，投資失利
的情況接踵而至，他們沒有喘息的機會。1921年9月21日星
期一，他們損失了5億5,300萬美元。

　　最終，為了防止他們的投資失誤毀掉整個金融體系，紐
約聯邦儲備銀行聯同時四家華爾街銀行，以36億美元的代
價收購長期資本90%的股權。在基金這一行，長期資本衰
落的規模之大是前所未有的。該公司的基金規模是富達麥哲
倫基金（Magellan Fund）的兩倍半；是第二大對沖基金的四
倍。他們的資金規模高達36億美元，其中有五分之二是他

5　Value at risk，意指可能會有多少損失。

們的個人資本，五個星期之後，這些全都化為烏有了。

聰明人怎麼可能這麼愚蠢呢？他們最大的錯誤就是相信：當人們的財產和血清素在同一時間激增的時候，他們的投資模型能夠捕捉到「這些人會有什麼行為」。長期資本的新聞發言人彼得·羅森塔爾（Peter Rosenthal）曾經指出：「風險受波幅影響，這些東西都是可以量化的。」這句話很有道理，畢竟，在1998年4月，他們登上了高峰，在僅僅五十個月內，把原本1美元的資金翻成2.85美元，利潤率高達185％！但納西姆·塔雷伯（Nassim Taleb）在他的著作《隨機騙局》（*Fooled by Randomness*）中的這句話也很有道理：「在長期資本崩盤的事件上，他們絕對沒考慮到他們可能不了解市場，還有他們的方法可能是錯的。」

吉姆·克萊默（Jim Cramer）[6]說：「總而言之，這次基金崩盤帶來深遠的影響。有華爾街人認為這個業務是一門科學，是可以估量、組織好、衍生出來和被人操縱的，他們所有人對這個事件都感到震驚不已。」

他們能夠計算各種事件的機率，但他們對任何事情的可能性卻一竅不通。我們凡人可以從這個有深遠影響的基金崩盤事件中汲取教訓，這個教訓顯而易見：凡涉及到市場時，聰明才智與過度自信相互結合是十分危險的。

---

6 編注：CNBC財經節目主持人。

防守的策略絕對
不可能是強攻

> 有時候在生活中，我們以退為進，退一步就能取
> 得最大的進步。
>
> ——約翰・柏格（John "Jack" Bogle）
> 指數基金之父

▌ Profile／約翰・柏格（John Bogle）

1974年，四十五歲的柏格創立先鋒集團，隨後推出聞名於世的「先鋒500指數基金」。在此之前，華爾街的投資觀是思考如何積極的打敗大盤，相對的，指數基金帶給人們被動投資、以低成本資金追逐符合大盤表現的全新觀念。

　　先鋒500指數基金（The Vanguard 500 Index fund）是全球最大的共同基金，資產總值高達2,920億美元，即是292後面有9個0。該如何發展成規模如此龐大的基金呢？從1,100萬美元的資金開始，在過去四十年內，每年平均增長29%，就能積聚成這麼龐大的資產。為了讓你了解2,920億美元是多少錢，假設把100美元的紙鈔疊起來，這些紙鈔將會延伸198英里，相當於從紐約到賓夕法尼亞州福吉谷（Valley Forge）先鋒總部的往返距離。

　　指數基金在過去幾年呈現驚人的增長動力。自2006年底以來，活躍投資者已把1兆2,000億美元從主動型共同基金轉移到其他資產，並將1兆4,000億美元投入指數基金。在投資者偏好改變的浪潮中，先鋒一直是最大受益者，並且以其獨特的股權結構，成為全球唯一一家由基金持有人共同持股的共同基金公司。2014年，先鋒集團創下基金行業有史以來最高銷售記錄，在2015和2016年再接再厲，創下最高銷售記錄。儘管目前指數基金非常普遍，但情況並不總是這樣的。有的觀念認為，投資者應該接受「平均」報酬，這個想法曾被視為異端邪說，而這些基金也經常被看作為柏格以愚蠢手法管理的基金。

　　柏格對共同基金行業和金融業的影響，怎麼說也不為過。現時，先鋒看來無處不在，客戶資產規模超過4兆美元。但「僅僅」取得市場報酬的想法並非一開始就獲得外界認同

的，事實上，柏格的指數基金遭到投資界的不滿和投資者的冷待，先鋒旗下的第一指數投資信託基金（First Index Investment Trust）在 1976 年的認購金額目標為 1 億 5,000 萬美元，他們最終只募集了 1,130 萬美元，比他們的目標少了93%。

　　我們可以從有史以來其中一個最具影響力的投資者那裡學到的經驗是：投資是一段漫長的旅程，往往持續一生，當中充滿成功、失敗、希望、夢想，以及其他東西。柏格是投資界的殿堂級人物，他站在投資界的拉什莫爾山上，人們將會銘記柏格對指數基金的貢獻，他成立指數基金之日，距離他的五十歲生日只差三年！

▍繁華盛世的強攻策略，帶來暴跌災難

　　1951 年，指數基金成立的二十五年前，柏格在普林斯頓大學的論文中談及共同基金，他寫道：「（共同基金）『不應自誇』其表現優於市場平均水平。」他對共同基金的近期表現進行研究，發現共同基金每年落後給指數達 1.6%。同年稍後，柏格受聘於他的普林斯頓校友及威靈頓基金（Wellington Fund）創辦人華特・摩根（Walter Morgan）旗

下的威靈頓基金公司[1]，摩根在1928年成立一檔平衡型共同基金，該基金是首批主動型管理的平衡共同基金之一，基金規模為10萬美元（最初名為工業和電力證券公司基金〔The Industrial and Power Securities Company〕），將近九十年後，威靈頓基金成為美國歷史最悠久的平衡型基金。

　　威靈頓基金是少數經歷大蕭條後仍然屹然立不倒的基金之一，這歸功於其創辦人的謹慎作風。在1929年股市崩盤前，該基金資產中的現金比例達38％。威靈頓被認為是負責任的理財管家，在大蕭條期間一直保持上升動力，而眾多競爭對手卻都給壓倒了。

　　柏格於1951年加入威靈頓基金公司時，威靈頓基金管理總值1億4,000萬美元的資產。現今，其資產規模已達950億美元，在過去八十九年，該基金的資產增長了95,000,000％，平均成長率略低於17％，但是從那時到現在，過程中並不是一帆風順的。

　　1964年，就在威靈頓基金資產達到20億美元的最高峰之前，摩根說：「威靈頓這個名字有一只魔戒，有一種難以言全的氣質，以這個名字給一家作風保守的金融機構取名是近乎完美的。」而這家保守的金融機構不久將會很快地迷失方向。基金表現走弱，配息減少，且資產規模大幅縮減至4

1　編注：該公司為先鋒集團的前身。

億7,000萬美元，減幅高達75％！

　　柏格知道自己的名聲大跌，自1960至1966年，他是該公司投資委員會的成員，在1965年，他剛滿三十六歲的那一年，摩根推薦柏格接替他擔任威靈頓集團總裁之職；1970年，柏格被任命為威靈頓集團的執行長。

　　隨著柏格的職責逐漸擴大，基金表現開始落後於大盤。從1963到1966年，集團旗艦威靈頓基金每年僅增長5.1％，遠低於一般平衡型基金的9.3％平均報酬率。當時的大環境轉趨極端，踏入1920年代，第一代新人加入華爾街，並改變了華爾街的保守作風，管理層決定需要有所作為以順應潮流，與時並進。「我抵受不住『繁華盛世年代』海妖之歌的誘惑，也盲目跟風了。」柏格如此說道。

　　他們決定跟上時代的步伐，為此，他們與一家很年輕的波士頓公司合併，該公司名為桑迪克、多蘭、潘恩和路易斯公司（Thorndike, Doran, Paine & Lewis Inc.，以下簡稱TDP&L）。柏格表示，他們之所以合併是為了達成三個目標：

1. 注入新血，好讓「新時代」的經理人可以帶領他們的基金重上高峰，重拾佳績。
2. 把新的投機成長基金愛維斯特（Ivest）歸於威靈頓基金的名下。
3. 他們希望發展「快速成長的投資諮詢業務」。

　　這兩家公司的合併是一個奇怪的配對，就好比先鋒集團收購一家現今的加密貨幣交易公司一樣。以下是摘錄自1968年在《機構投資者》(*Institutional Investor*)雜誌所刊登的一篇名為〈神童接管〉(*The Whiz Kids Take Over*)的文章：「威靈頓基金成立於1928年，是一個平衡投資組合，當中涵蓋普通股、優先股，以及投資等級債券，旨在為投資者提供穩定報酬、收入及與通貨膨脹同步的輕微低風險增長⋯⋯，另一方面，愛維斯特基金於1961成立，實際上是要充分利用大部分價格波動以獲得更多回報，這個做法與威靈頓基金正好相反，威靈頓基金的原意是要儘量減少這些價格波動所帶來的風險。」

　　這次合併把威靈頓基金從帶來長期成功的投資策略，轉到完全相反的策略。從1929至1965年，威靈頓的股東權益比率 (equity ratio) 平均為62%，Beta系數[2]平均為0.6，但自新血加入後，週轉率由1966年的15%增至1967年的25%；至於股票比重，一般平衡型基金的平均持股比重為55%，而在此期間，威靈頓基金的持股比重增至接近80%。

　　在剛剛完成合併後，柏格感覺非常好，他認為這是個精明的商業決定。在最近的一次訪問中，他說：「頭五年，你會說柏格是個天才，大概在頭十年完結時，你會說『這是有

2　量度個別股票與大盤表現敏感度的數據。

史以來最糟糕的合併』（包括 AOL 與時代華納〔Time
Warner〕這宗史上最大的併購案）。這次合併徹底失敗了，
他們的管理能力欠佳，他們毀了自己創立的愛維斯特基金；
他們創立了另外兩檔基金，也毀了那些基金；最後他們又毀
了威靈頓基金。」

　　像許多其他基金一樣，1960 年代紙醉金迷的繁華盛世把
威靈頓基金迷住，最終更把它生吞活剝了。華爾街作家約
翰·布魯克斯（John Brooks）在其著作《沸騰歲月》（The Go-
Go Years）中觀察道：

　　「短線操作」（go-go）這個術語是指股票市場裡的一種操
作方法，此方法可靠、隨意、迅速和活潑，當然，在某些情
況下，還有隨之而來的快樂、歡笑和喧嚷。此方法的特點是
短線快買快賣，而且都是大宗交易，涉及龐大交易數量和金
額，目的是要快速獲得巨額利潤，這個術語專門指某些共同
基金的運作，在這些基金中，沒有一個過去曾以如此隨意、
迅速和活潑的方式運作。

　　投資人從威靈頓基金 1967 年的年報中，發現他們的「平
衡基金」將會變得面目全非。新上任的投資組合經理人華
特·卡波特（Walter Cabot）在年報中寫道：

　　時代在變，我們決定我們也應該作出改變，讓我們的投資組合更符合現代觀念和機會。我們以「充滿活力的保守主義」作為我們的哲學，把重點放在能夠適應變化、帶來改變，以及從改變中獲益的公司。（我們）將我們的持股比例，從資金的64％增至72％，明確地把重點放在成長型股票，減少持有傳統基礎工業的股票……，最好的防守就是強攻。

　　這番言論寫於繁華盛世年代，經濟蓬勃發展的全盛時期，時機不可能更差了。約翰・丹尼斯・布朗（John Dennis Brown）在他的著作《華爾街101年投資年鑑》（*101 Years on Wall Street: An Investor's Almanac*）中，將1968年視為「自1929年以來，投機炒作最猖狂的一年」。

　　1969年，繁華盛世年代以殘酷的結局告終，道瓊指數在十八個月內暴跌36％，個別股票的跌幅更加驚人，但隨後股市反彈，在投資人的腦海裡，慘痛的記憶很快就煙消雲散。緊接著的是，華爾街盛行起追棒五十檔大型籃籌股（nifty fifty）及「一次決策股」（one-decision stocks）的風氣，投資組合經理人不再快速買賣那些高成長型股票，而是轉而投資大型藍籌股，例如IBM和迪士尼，這些藍籌股的股價即使漲高，仍有強勁的承接力道。

　　但是當股市下跌時，他們才明白「不要假設投資人在牛市中獲利，他就是個聰明人」這句話的意思。「我尋求並完

成的合併交易，不僅沒有解決威靈頓的問題，更使這些問題惡化。」愛維斯特基金就是他們尋求與 TDP & L 合併的原因之一，該基金的價值蒸發了 55％，而同一時期的標普 500 指數下跌 31％。

但深受熊市影響的並不僅限於愛維斯特基金，他們成立了一些其他的基金，其表現也好不到哪裡去。當市場崩潰時，這些基金全都暴跌至遠低於標普 500 指數的水平。開拓者基金（The Explorer Fund）下挫 52％；摩根成長基金（Morgan Growth Fund）大跌 47％；而受託人股票基金（Trustees Equity Fund）也大跌 47％。

1978 年，受託人股票基金結束了，正如柏格指出：「我們的 Technivest 投機基金甚至更早結束了，當初我們成立這檔基金的原意是要『利用技術分析』（我不是在開玩笑）。」不錯，柏格這位指數基金始祖是一家公司的執行長，而這家公司是運用技術分析策略的。

在股市崩盤所造成的傷害中，受影響最深的莫過於他們皇冠上的寶石——威靈頓基金，該基金暴跌了 40％，相當於標普 500 指數跌幅的 80％。柏格對此有這樣的描述：「相對於威靈頓的悠久歷史，這是個驚人的跌幅，且是跌過頭了，直至 1983 年，即十一年後，威靈頓基金才收復失地。『強攻』證明是完全沒有『防守』。」他們多年來建立的良好績效記錄和聲譽岌岌可危，十年來，一般平衡基金成長達 23％，

而威靈頓基金的總報酬率（包括配息）僅為2%。

　　回首這段職業生涯，柏格感到十分厭惡。「我作了這麼多的糟糕決策，對此我感到十分遺憾，且生自己的氣，真的是百感交集，筆墨難以形容，我將自己──和我受托付起領導重責的公司──與一群喜歡短線操作、投機炒作的經理人牽扯在一起，這是多麼糟糕的決定！」人們將威靈頓基金的糟糕表現歸咎於柏格。1974年，柏格被解除威靈頓基金管理公司執行長的職位，但他說服了董事會讓他繼續擔任威靈頓基金的董事長和總裁。

▌投資是一段不斷試錯的人生旅程

　　柏格的徹底失敗也孕育出「指數基金」這個迄今最重要的金融創新產品。2005年，在波士頓證券分析師協會（Boston Security Analysts Society）舉辦的一個活動中，經濟學大師保羅‧薩繆爾森（Paul Samuelson）說道：

　　我認為柏格這個發明足以媲美車輪、字母表、古騰堡印刷機、葡萄酒和起司：共同基金從沒讓柏格變得富裕，但卻提升了基金持有人的長期回報，誠然是陽光之下的新事物。

　　柏格從所有失敗經驗中汲取了教訓，專心思考如何用更

好的策略來經營業務。1974年9月，他和他的團隊已花了數個月進行並完成研究，他得以向基金董事發表該研究報告，並說服他們成立先鋒集團（Vanguard Group），該集團設有專職人員，這個職位是為了威靈頓與其他七檔精選基金而設立的。八檔威靈頓基金均由他們自己全資擁有，「以成本作為計算準則——一個真正由全體基金持有人共同持有的共同基金，為共同基金行業開創了先河。我為新成立的基金公司命名為先鋒集團。在1974年9月24日，先鋒誕生了。」柏格說。

柏格嘗試說服董事會成立指數基金，經過十六個月的努力，第一指數投資信託基金誕生了。柏格向他們證明，在過去三十年，標普500指數每年平均成長11.3％，而試圖跑贏標普500指數的基金報酬率僅為9.7％，其他的事就都眾所周知了，嗯，在某種程度上吧。華爾街還沒準備好接受指數基金和指數成份股。當指數基金在1976年8月推出時，股市正在從「失落十年」的挫敗中走出來，當時，股票價格回到十年前的水平，股市剛剛經歷了自大蕭條以來最慘烈的熊市。但柏格非常堅決並確信自己正在做一件大事，他堅定不移，深知長遠來說，指數基金會為投資人提供最好的機會，讓他們得到應有的市場報酬。

第一指數投資信託基金在成立的頭十年表現良好，資產規模成長至6億美元（還佔不到共同基金資產1％的一半），

但在他們的領域裡，競爭還算不上激烈，事實上，直到1984年，富國銀行（Wells Fargo Bank）才成立市場上第二檔指數基金；捷達集團股票基金（Stagecoach Corporate Stock Fund）推出時，銷售佣金為4.5％，而年度費用率為1％。現今，該基金的規模已達到20億美元。我猜測柏格的這番話有弦外之音：「想法多得不值錢，能夠實踐才是最重要的。」

指數基金在創立第二個十年裡便打開成功之門，基金規模從6億美元激增至910億美元。最終，柏格得到肯定，而且還不止於此。從1976到2012年，先鋒500指數基金的報酬率為10.4％，相比之下，一般大型股混合基金的報酬率僅為9.2％，這1.2％的差異幾乎等同於柏格在四十年前向董事會提及的數字。這數十年的記錄表明了指數基金能提供持續一致的回報，這是指數基金優於其他類型投資的主要原因。目前，指數基金佔共同基金所持有資產的30％左右。

也許最值得注意的是，在2016年，先鋒集團基金的淨流入量為2,890億美元，比晨星（Morningstar）[3]數據庫中其他4,000家全球基金公司的總淨流入量還要多。

柏格直到四十七歲才創立指數基金，由此看來，假如你還沒有找到讓自己能安心的投資方法，仍為時未晚！也許在篩選股票、購買期權或決定進場時間等事情上，你一直猶豫

3　基金評級機構。

不決、成效不彰，那是沒問題的，你還在探索的道路上，這些我都知道。

　　我花了大約五年的時間和大約 2 萬美元的交易佣金，才意識到我注定不會成為下一個保羅・都鐸・瓊斯。我太過於情緒化，很難成為一個成功的交易員，這也讓我投入了柏格旗下指數基金的懷抱。不是每個人都會買進和持有指數基金，投資指數基金可能很困難，失利或長時間沒有回報的情況十分普遍。但實不相瞞，對我來說，這卻是最好的投資方法。並不是每個人都會得出這個結論，那不是重點，重點是要找到適合自己的方法。但每個方法都可以重複運用，這意味著你要經歷一個過程。股票市場太讓人捉摸不透，很難即興的臨場發揮。

　　人們比以往更長壽，我們需要心裡有數，準備足夠的資金來維持長期退休生活，要做到這一點，你必須像柏格一樣尋找適合自己的方向！在你看完如柏格這樣的華爾街巨擘如何遭受幾番打擊的故事後，希望你會明白投資是一段「自我發現」的人生旅程。要是你還在旅途中，請務必繼續探索。

不良行為是做交易的最大風險

即便在自己熟悉的領域做投資，也並非易事，但相對於不這麼做的人，他們還是熟有重大優勢。

——賽斯・卡拉曼（Seth Klarman）
頂尖價值投資者

Profile／麥可・史坦哈德（Michael Steinhardt）

華爾街史上經營最成功的基金經理人之一，史坦哈德將自己的成功歸因於他沒有固定的操作模式，有時靠個股，有時則靠看對趨勢。他指出，因為市場變化既大且快，以往獲致成功的交易方式，並不能夠保證在未來仍然有效。

　　即使你清楚知道你正在做什麼，要在市場裡賺錢也並非易事，以專業財務分析師為例，他們對某一個特定產業有深入的了解，即便如此，他們還是經常很難將賺錢股和賠錢股分辨出來。

　　隨著指數股票型基金（ETFs）[1]和指數投資證券（ETNs）[2]蓬勃發展，金融市場的不同部份比以往更加開放，但這僅僅是因為我們可以買賣商品、貨幣、波幅、股票和債券，並不意味著我們應該這樣做。在自己的「舒適區」外閒逛，有時會是一段非常昂貴的旅程。你不會看到律師去進行口腔手術或會計師去繪製藍圖；同樣的，作為投資者，你的責任是要界定並留在你的能力範圍之內。

　　巴菲特就是一個例子。作為一名投資者，他深深體會到個人能力是有限的。當科技泡沫在1990年代後期不斷膨脹的時候，他是少數幾個從未炒作過科技股的知名投資者之一。他對半導體一無所知，更不了解網際網路——他並不怕承認這一點。雖然波克夏公司的股價大跌了一半，他仍然忠於自己。巴菲特從未停止嘗試收購那些自己對相關業務有所

1　一種在證券交易所買賣，類似共同基金的投資產品，旨在追蹤某一個指數、債券、商品、貨幣或一籃子資產並提供相應於有關指數或資產表現的投資回報，例如買進台灣五十指數ETF，就等於擁有台灣市值最大的五十家上市公司的投資組合。大部分ETF屬被動型基金。

2　全名為Exchange Traded Note，是一種無擔保以及可以在證券市場交易的「債券」產品。巴克萊銀行（Barclays Bank）於2006年設計出此種追蹤原料指數的票據；票據到期時，銀行同意支付持有人於投資期內扣除成本後與追蹤指數相同的報酬。

認識的公司，但也許更重要的是，他從未嘗試收購他不能理解的公司，因此，他從未付出過不合理和高昂的價錢去收購其他公司。

1999 年 7 月，在愛達荷州的太陽谷會議（Sun Valley Conference）上，巴菲特在台上就當時的投資環境大潑冷水，有趣的不在於他談及整體市場（他很少談論這個話題）；而在於他對什麼人說話。坐在台下的，有微軟的比爾‧蓋茲、英特爾的安迪‧葛洛夫（Andy Grove）和其他因科技股熱潮而崛起的百萬富翁，對他們來說，巴菲特就像是一個無法適應新時代、有著酸葡萄心理的老人家。

在過去十二個月裡，波克夏的股價下跌了 12％，而同一時期，那斯達克 100 指數（NASDAQ 100）則飆升了 74％；個別科技股的表現更好，思科（Cisco）股價大漲 110％，雅虎（Yahoo!）則飆升 350％，而高通（Qualcomm）更暴漲408％。

對價值投資者來說，1990 年代後期是一個艱難時期。網路泡沫短暫改變了計算企業價值的方法。舉例來說，eToys 公司[3] 在首次公開募股當天，股價爆漲 325％。在過去十二個月，玩具反斗城的營收為 eToys 的一百五十倍，賺了 1 億 3,200 萬美元，而 eToys 的帳面上則有 7,300 萬美元的虧損，儘管如

3　美國網路玩具零售業商。

此，eToys的市值卻高達77億美元，而實體零售商玩具反斗城的市值僅為57億美元。

　　由於投資者拋售價值型股票，然後將資金投入成長股，波克夏所持有的可口可樂、吉列和華盛頓郵報的股價遠遠落後給其他對手。巴菲特旗下的波克夏從高峰跌至低谷（1998年6月至2000年3月），其市值蒸發了51％！在這段時間，我估計巴菲特的資產淨值減少了逾100億美元。巴菲特賣了多少波克夏股票？又買了多少思科股票呢？答案是，一丁點也沒有。巴菲特沒有受到科技股的誘惑，他仍然對價值投資堅定不移，並得到了回報。

▍史上最佳的基金經理人

　　成功理財的關鍵之一，就是像巴菲特那樣接受現實，明白到有時你會遇到一些情況，就是當你的投資風格不再受追捧；或者當你的投資組合經歷大地震的時候，你開始尋找其他的投資機會，那個時候，你的行動可能會對你的財務狀況造成嚴重損害。麥可・史坦哈德和他的投資者在1994年就汲取了這個教訓。

　　史坦哈德是其中一個生來就很會挑選股票的人。坊間有許多關於少年投資者的神話故事，但史坦哈德其實是把他在

成年禮（bar mitzvah）[4]收到的禮金用作投資，他的投資生涯就是這樣開始的。他的父親買進賓州迪克西水泥公司（Penn Dixie Cement）和哥倫比亞天然氣公司（Columbia Gas System）的股票，然後將這些股票送給他兒子當作成年禮的禮物。

在史坦哈德的回憶錄《華爾街財神》（No Bull）中，他談到自己在十三歲時對投資股票開始感到興趣。在他接受教育和發展事業的過程中，他一直專注於美股上。史坦哈德熱衷跟股市談戀愛，隨著時間過去，他對股票市場的愛情只會越來越深，他每天六次審視他的投資組合，他對股市的狂熱得到回報，也讓他客戶的錢包滿滿。

史坦哈德是對沖基金行業的先鋒，他與量子基金的索羅斯（George Soros）和老虎基金的羅伯遜（Julian Robertson）並列對沖基金業的三大巨頭。在1967年7月10日，史坦哈德・范・博考維奇公司（Steinhardt, Fine, Berkowitz & Company）開業，創業資金為770萬美元。自該公司成立至史坦哈德於1995年退休為止，即使期間獲利20％，獲利後的年均報酬率仍高達24.5％。

自1967至1995年公司結束當天為止，最初1美元的資金已經滾到481美元，該公司的投資表現是如何出色，從這

4　譯注：Bar是亞蘭文「兒子」的意思。

個實例可見一斑：同時期投資於標普500指數的1美元資金到1995年會滾到19美元，換言之，在1967年，以1萬美元投資史坦哈德的基金，該筆資金到了1995年會滾到480萬美元；而同一時期以相同的資金投資於標普500指數，該筆資金到了1995年僅會滾到19萬美元。這些驚人的績效數字不僅僅是抽象數字，有許多基金經理人有長期良好的績效記錄，卻無法讓客戶安然度過金融市場的震盪。

　　史坦哈德曾經講過一個關於早期投資者的故事。雖然經歷過金融市場的風風雨雨，這位投資者仍然對史坦哈德不離不棄，這份忠誠讓這個堅定不移的客戶贏得了一筆財富，該客戶名叫理查・古柏（Richard Cooper），他在1967年左右開始與史坦哈德合作，古柏的最初投資金額為50萬美元，在史坦哈德的公司結業時，他的投資市值已超過1億美元。

　　儘管史坦哈德的投資表現保持平穩，但他卻是一名積極進取的交易員，而且情緒有時會失控。他講述關於他公司其中一個投資組合的故事，這個投資組合是他們唯一一個本應屬於低風險的組合，當中有些債券出現計價錯誤，當他知道這件事時，怒火中燒，他毫不留情，厲聲訓斥那個投資組合經理人，他寫道：「我要氣得爆炸了，我從辦公室發出來的吼叫聲達到了新的分貝水平。當那名經理人終於鼓起勇氣，回過頭來對我說：『我想做的就是自行了斷。』我冷漠地回答說：『我可以在旁觀看嗎？』」史坦哈德意識到自己的狂躁

行為，但他沒有盡力去改變這種行為；除了脾氣不好，他有時也會非常傲慢，尤其是在他一帆風順的時候。

史坦哈德對股市的狂熱讓他在三十年的職業生涯中，在幾乎各種市場環境都無往不利，即使他的同行並非如此。在1971年5月，《財星》雜誌刊登了一篇名為〈對沖基金的悲劇〉（ *Hedge Fund Miseries* ）的文章，該篇文章引用了美國證交會（SEC）的研究報告，探討了在1960年代後期的繁華盛世年代，金融市場盛行短線買賣股票的熱潮退去後對這些基金所造成的傷害。牛市一旦放緩，對許多對沖基金來說，要打敗大盤是十分困難的。

據《財星》雜誌報導：「SEC的研究顯示，二十八家最大型對沖基金資產的減幅高達70％，換言之，自1968年底至1970年9月30日期間，那些對沖基金的資產減少了7億5,000萬美元，那些基金管理的資產佔所有對沖基金在1968年總資產的82％……，同期間至少有一檔基金的投資組合錄得增長，不出所料，在證交會1970年基金名單上高居榜首的，就是史坦哈德公司。」

█ 金融怪傑也難抵誘惑的不良行為

儘管史坦哈德的投資表現令人驚嘆，然而，像其他有投資經驗的人一樣，他也經歷過痛苦的時刻。他旗下的基金在

1987年的股災中全軍覆沒，他在1987年10月19日上午買進更多標普指數期貨，此舉使他的問題雪上加霜，他的基金公司面對巨額虧損，但這個問題並不大。大多數人都沒看出股市將會崩盤，但史坦哈德聲稱他已預見會發生這樣的情況，無論如何，他仍持續投資，在他的領導下，基金公司度過了這場股市風暴。而接下來發生的事情，就讓投資人從史坦哈德那裡學到最重要的教訓。

在1990年代中期，對沖基金人氣飆漲，投資者爭相湧至，他們想找基金經理人幫他們操盤。史坦哈德在回憶錄中如此描述這個時代：

每個「經驗老到」的投資者似乎都希望參與對沖基金的投資，也許是因為對沖基金的聲譽代表著一種獨特性，對沖基金成為一個潮詞，潛在投資者蜂擁至我們的公司，懇求著讓他們加入。我每次參加社交活動都被潛在投資者包圍了，這些人紛紛請求我們，讓他們參與基金投資。

當銀根寬鬆時，史坦哈德在1993年成立了他的第四檔基金（也是他的第二檔離岸基金）—— 史坦哈德海外基金（Steinhardt Overseas Fund），該檔基金的資產規模接近50億美元，不論是當時還是現在，這都是一筆龐大資金。但建立如此雄厚的資本基礎是要付出代價的。即使扣除通膨後，他

們現時基金的規模是最初資金的兩百多倍。中小型股是史坦哈德的衣食父母，而這些股票的股價越來越難有大幅成長，於是，他做了一件非常愚蠢的事，他把自己當成索羅斯，開始在全球各地找尋投資機會——他走進了自己的未知領域。

史坦哈德習慣了美股的快速交易，但他剛剛建立的資產規模卻成為投資表現的敵人，迫使他冒險進入不是他專長的領域。法國債券和通用電氣公司的股票是風馬牛不相及，正如iPhone手機和松鼠一樣。史坦哈德之所以成功，大部分要歸功於他非常瞭解自己進行交易活動的市場，現在，他受到新興市場裡有潛力的新貴股票誘惑，而他對新興市場的經商環境和政治制度卻知之甚少。他在回憶錄中回顧時說：「不巧的是，我們無所畏懼地向前走。」

外國股票已經有點超出了史坦哈德的能力範圍，但現在他正準備前往月球。史坦哈德的基金利用掉期交易（swap）[5]，押注歐洲、澳洲和日本債券價格方向。由於大量的貨幣交叉買賣，該基金的每日損益表長達三十頁，其中的內容幾乎難以理解。

憑藉著精明敏銳的投資觸角，史坦哈德更加大膽了，他的投資者會為他的傲慢付出代價。蒙格曾經說過：「假如你

5　一種衍生性金融商品或衍生工具，指交易雙方約定在未來某一期限相互交換各自持有的資產或現金流的交易形式。較為常見的是外匯掉期交易和利率掉期交易，多被用作對沖和投機的目的。

玩遊戲，你的對手有這方面的天賦而你卻沒有，你必定會輸掉這場遊戲。」史坦哈德正在玩一個他注定失敗的遊戲。股票大宗交易給他帶來成功，而且，隨著他在業界建立了良好聲譽，他與證券商的關係也建立起來。他公司的龐大規模讓他取得優勢，作為 VIP 客戶，要是他需要快速買賣，他可以隨時聯繫相關人士，但在歐洲，史坦哈德並沒有與當地的證券商建立密切的長期關係，當情況變得不利時，他並不是這些證券商的尊貴顧客，未享有特別優待，他們公司的情況也即將變得危險。

　　過度自信使他們缺乏了應有的謹慎，以過快的速度發展業務。史坦哈德對這些市場欠缺專業知識，但他相信自己對美股有深入了解，他可以利用這個優勢，在全球股市中取得成功。這當然是個錯誤的想法。

　　1994 年 2 月 4 日，麻煩來了，美國聯準會在當天升息四分之一厘（即 0.25%），美國債券應聲下跌，但下跌幅度遠低於歐洲債券。史坦哈德在這次債券市場崩盤中損失慘重，他旗下的投資組合市值大跌，他在美國升息四天後損失了 8 億美元，美國每加息百分之一基點，史坦哈德就損失 700 萬美元。

　　將太多錢投入你未完全掌握的東西上是個賠很多錢的好方法，但比賠錢帶來更大傷害的，是賠錢後留下的心靈瘡疤。史坦哈德決定離開自己的能力範圍，這個決定註定了他

的命運。1994年之後的一段經歷讓史坦哈德的心靈感到疲倦，他對那些感受不能再置之不理，用他自己的話來說：「1987年讓我感到震撼；1994年是令人沮喪的一年，它將我生命的一部分奪走了，這是無法挽回的。」

史坦哈德和他忠心的客戶在1995年捲土重來，並取得不俗的成績，在此期間，他們的基金上漲了26%，並且賺回了上個年度大部分的虧損。由於這個反彈，史坦哈德決定在五十四歲時退休。

直到1994年，他度過了二十六年完美無缺的基金經理人生涯，為他的投資者賺取每年平均31%的報酬。史坦哈德基金去年大幅下挫達29%，主要是由於他們大手筆買進的歐洲債券價格暴跌。基金管理的資產從1994年初的約50億美元大幅減少至今年初的21億美元。

儘管史坦哈德在1994年投資失利，蒙受29%的損失，但他仍能創下業界其中一項最輝煌的三十年績效記錄，這項記錄前無古人後無來者。但對我們其他人來說，建立一個長期成功的投資計劃不需要驚人的表現，我們無法控制市場帶給我們怎樣的報酬，但假如我們能保持警覺，避免犯下重大錯誤，那麼成功就指日可待了。

使你突然改變方向的誘惑是不會消失的，因為市場上總會有價格上漲的投資商品，那些商品是你沒有買但其實你想要的；還有價格下跌的商品，那些商品你買了但其實你並不

想持有。舉個例子，2008年當美股價格大跌近40%時，美國政府長期債券則飆漲了26%，正因如此，行為差距（behavior gap）可能縮小但永遠不會完全消失。所謂的「行為差距」，是指投資者不僅輸給大盤，而且投資者報酬率[6]也落後於傳統的投資報酬率。自2009年3月至2016年8月，美國最大型的標普500指數股票型基金SPY的投資者，落後該基金達115%，就是一個很好的例子。

　　「不良行為」是投資者面對的最大風險之一，在你的能力範圍外進行投資活動是最常見的不良投資行為之一。你的能力範圍有多廣並不重要，最重要的是你能不能留在裡面。有自知之明，加上一點紀律，這樣，世界就會變得不一樣了。

　　這並不是說你不應該在你的舒適區外進行帶有風險的投資，畢竟，假如你從未開拓你的視野，你就永遠學不會；但假如你要投資於自己不太熟悉的領域，你就要翻閱相關文件中的魔鬼細節，起初做小額投資，並限制損失，預留現金，以便日後再度出擊。

6　計算投資者報酬率（investor return）時，除了考慮每個月的報酬率，也必須考慮該月有多少新資金加入或減少，而現金流入或流出是由基金買賣和基金資產增長所帶動的，因此投資者報酬率又稱為「資金加權收益率」（Dollar-weighted Return），或形容為「乾淨報酬率」，換言之，投資者報酬率是指資金流向調整後的報酬，是反映典型基金投資者所享實際報酬的指標。

別把聰明才智與牛市混為一談

在大多頭市場中，人人都是天才。

——肯尼斯‧高伯瑞（John Kenneth Galbraith）

美國經濟學家

▊ Profile／蔡至勇（Jerry Tsai）

1929年出生在上海的蔡至勇，是當代天賦異稟的交易員，不到三十歲便成為富達投資的華裔明星經理人，他擅長短進短出的交易策略，且堅信中小型成長股的力量，擔任富達資本基金經理人的八年期間，創造高達二十七倍的驚人報酬。

　　股票在大部分的時間都會處於上漲狀態，至少在美國歷史上是這樣的，自1900年以來，道瓊工業平均指數每年平均有47％的兩位數字成長。在一帆風順的情況下，投資者自然會傾向將獲利歸功於自己的本領，而不是有利的多頭市場條件。

　　《逆向思考的藝術》（*The Art of Contrary Thinking*）一書的作者韓福瑞・尼爾（Humphrey B. Neill）一針見血地指出：「不要把聰明人與牛市混為一談。」市場裡有些股票能帶動股市水漲船高，我們混淆了自己選撰這些好股票的能力，這種情況十分普遍，人們稱之為「歸因偏誤」（attribution bias）。「歸因偏誤指的是人們傾向將自己的成功，歸因於自己的能力；將他們的失敗歸咎於外來的『不幸』力量。」

　　2013年有一份研究報告發現，牛市帶動個人投資者進行更多交易。我們在某個環境裡本該減少交易次數，但實際情況卻是不減反增，因為在節節攀升的金融市場裡，我們不斷得到正面的回饋，我們迷上了身體產生的天然刺激物質，為了保持這種感覺，我們的交易越來越頻繁且越來越快。不幸的是，已有充分證據顯示，股票成交金額與超額報酬（excess returns）[1] 呈現相反關係。牛市帶來相當大的誤差幅度（margin of error），但當牛市結束和退潮時，我們才知道誰沒穿褲子

1　超額報酬通常會被用來衡量投資組合與某個比較基準(例如大盤指數)的正負關係。

游泳，把聰明才智與牛市混為一談[2]。

　　道瓊指數在1929年到達頂峰，在未來三年內經歷了股市大崩盤，下挫近90%，這需要825%的漲幅才能收復失地。道指花了二十五年的時間才攀過那座山，指數再創歷史新高，成功突破1954年11月的高點，同年，經濟學家高伯瑞（John Kenneth Galbraith）的著作《1929年大崩盤》（*The Great Crash, 1929*）出版了，這部經典作品記錄了引發大蕭條的市場事件。

　　在1950年代，道指從200點漲至680點，年均成長率為13%。經通膨調整後，標普500指數的年化報酬率（包括股息）為16.76%，這是有史以來最好的十年。儘管市場有著如此出色的成長，在歷代有關股市的文獻中，1950年代的篇幅最少，當時很少有人寫關於投資情況的文章，因為股市崩盤和之後的大蕭條淘汰了整整一代的投資者。

　　1929至1932年間，道指下挫了90%，其後反彈，在1937年再次崩盤，跌幅達50%，由此可以理解為什麼投資人不再涉足股票。由於對這些高風險「紙張」的需求少之又少，所以1940年代期間，在近50%的交易中，本益比維持在個位數（長期平均值約為十七倍）。

　　不僅是個人投資者想要與市場保持距離，而且金融業也

2　在牛市中，投資者錯誤地將自己交易成功（幸運）歸因於自己的能力，因此他們應該比在正常市場中更加過度自信。

缺乏新血加入。1930至1951年間，只有八人受聘於紐約證券交易所交易大堂工作。在《金錢遊戲》（*The Money Game*）一書中，斯密（Adam Smith）寫道：「華爾街失去了整整一代人，因為自1929至1947年期間，沒有人到那裡去……，通縮的陰影揮之不去，通縮總有機會重臨，這種感覺，即使是無意識的，也需要有意識地去克服。」

正如羅溫斯坦（Roger Lowenstein）所說：「葛拉漢的一代已經退休了，伴隨著他們的是大蕭條的慘痛記憶。華爾街重新喚醒了一批年輕人前來接棒，其中許多人在1929年時還未出生，他們對長輩們喋喋不休的詳述感到厭倦。」

1969年，有90％從事金融業的人年齡超過四十五歲，年輕人是華爾街的龐大資產——《機構投資者》雜誌提及一個三十歲以下的股票分析師，他有三年工作經驗，年薪2萬5,000美元，為了追求更好的待遇和發展，他決定轉換工作。在他開始找工作的兩週內，就獲得了十五個工作機會，其中一家公司提出給予年薪3萬美元，另外加上紅利獎金與該公司的股權；另外一家公司提出年薪3萬美元的條件，並作出實際承諾，在未來兩至三年內給予年薪5萬美元和建立合作夥伴關係；還有一家公司提出給予年薪3萬美元，另加上紅利獎金、利潤分享和遞延報酬。

1946年，共同基金的資金規模僅為13億美元；1967年，資產規模以倍數增長至350億美元，各路資金蜂擁而至，尤

其是匯聚於一個人身上——蔡至勇。在基金經理人不公開姓
名的年代，蔡至勇是個例外。

▊ 快買快賣，速戰速決的明星經理人

約翰‧布魯克斯（John Brooks）在《繁華盛世》（The
Go-Go Years）一書中，精彩地記錄了從冷漠到一片歡樂和歌
舞昇平的轉變，他如此說道：「在1920年代，李佛摩一直是
大眾公認擁有近乎超自然力量、能夠預測未來股價的人；在
1960年代中期，同類型的人就非蔡至勇莫屬了。」

1952年，年僅二十四歲的蔡至勇被介紹給愛德華‧詹森
（Edward Johnson），詹森是富達基金（Fidelity Funds）的創
辦人。1957年，在三十歲生日之前，蔡至勇開始管理富達資
本基金（Fidelity Capital Fund）。蔡至勇是當時第一位明星基
金經理人，全世界的基金經理人都注視著他在市場上的一舉
一動。斯密在《金錢遊戲》中寫道：「我認識的一些基金經
理人，當他們談及自己的工作時，只簡短地回應，而且幾乎
異口同聲說『我的工作就是要打敗富達』。」

當時，蔡至勇進行大宗股票交易，快買快賣，速戰速決。
假如某檔股票價格上漲速度比市場更快，他就買進；假如股
價漲勢放緩時，他就換手。另一個繁華盛世時代的投資者佛
萊德‧卡爾（Fred Carr）對這種交易作風有這樣的描述：「我

們不會跟股票談戀愛。每天早上，所有東西都會賣出，包括
投資組合中的每檔股票，以及我的西裝和領帶。」

　　談到蔡至勇的作風，詹森說道：「觀看他的反應是一件
美事……何等有風度；何等好時機──何等光榮！」蔡至勇
旗下的基金每年組合換手率[3]經常超過100％，百分百的換手
率意味著每持有一股的股份，就會有一股的股份買進或賣
出，這並不是華爾街管理投資組合的一貫手法。

　　蔡至勇的時機和風度，還有重要的是他取得的報酬吸引
了大批投資者，將其資金投入富達資本基金，這是前所未有
的，該基金的股東人數從1960年5月的六千兩百人激增至
1961年5月的三萬六千人。

　　蔡至勇替富達創造了傲人的績效記錄。自1958至1965
年，他帶來高達296％的報酬率，而同一時期，一般保守型
股票基金的報酬率只有166％。只不過，富達是一個家族企
業，儘管蔡至勇取得佳績，並於1963年被任命為行政副總
裁，但他充分意識到內德・詹森（Ned Johnson）會接替他
的父親成為富達的掌舵人，於是在1965年，蔡至勇以220萬
美元將他的股份賣回給富達，並離開波士頓前往紐約另起爐
灶，在當地設立了曼哈頓基金（Manhattan Fund）。

　　人們把蔡至勇視作英雄，即使他的競爭對手也是如此；

3　或作周轉率。意指在一定時間內市場中股票轉手買賣的頻率，是反映股票流通性強
　　弱的指標之一。

蔡至勇被公認為當代頂尖基金經理人之一，他給業界帶來了好名聲。只不過，他的投資者、競爭對手，甚至蔡至勇自己眼中的本領和天才，只不過是運氣而已。

蔡至勇旗下的曼哈頓基金原先打算發行250萬新股供公眾認購，但投資者對這個高頻交易始祖這次發行的新股需求殷切，認購數量比蔡至勇之前預期的多出十倍，結果，他們發行了2,700萬新股，籌集到2.億4,700萬美元資金，發行總額刷新了當時投資公司發行新股的最高紀錄。這個驚人的發行金額相當於當年流入股票基金的總現金流量的15%左右。投資者甚至願意支付高達8.5%的銷售佣金給這個當時最著名的基金經理人為他們操盤。但這個盛況很快就會成為歷史。

那時，跟蔡至勇有關的事情是人們談論的潮流話題，曼哈頓基金也是個熱門話題，蔡至勇是華爾街光芒四射的傳奇人物。要跟上他快如閃電的交易活動和追蹤他的實際持倉是一件難事，但這並不妨礙人們作假設性的推斷，他們不僅密切關注蔡至勇在市場上的一舉一動，而且一面支持他，一面等待他走進困境之中，一沉不起。蔡至勇很快就會從世界高峰摔下來，受盡他一眾投資者的蔑視。

▌空頭來襲跌入谷底的一堂課

　　在蔡至勇的黃金時期裡，具有上升動力的高成長股風靡一時。寶麗來（Polaroid）、全錄和IBM的本益比都超過五十倍，這些高價股靠著超高成長率來維持高股價，自1964至1968年，IBM、寶麗來和全錄的每股盈餘分別漲了88%、22%和171%；其他如大學電算（University Computing）、莫霍克數據（Mohawk Data）和飛兆攝影器材公司（Fairchild Camera）股票的成交價相當於過去十二個月實際收益的數百倍。在1969至1970年熊市期間，這三家公司和其他許多同類型的上市公司股價將會大跌超過80%。

　　曼哈頓基金在1967年成長了近40%，比道指多出一倍有餘。但在1968年，該基金下跌了7%，在亞瑟・理柏（Arthur Lipper）[4]追蹤的三百零五檔基金中，曼哈頓基金排名第二百九十九位。

　　當股市崩盤時，華爾街金融家完全被殺得措手不及。1969年，華爾街有一半的銷售人員是從1962年才開始投身這個行業，他們當時身處的市場一片繁榮，股價節節高升，他們從未經歷過大空頭。當股市逆轉時，漲得最多、最快的股票跌得最急。舉例來說，蔡至勇以500萬美元買進12萬

4　資深分析師及知名投資銀行家、作家和教授。

2,000股全國學生銷售公司（National Student Marketing）的股份，該公司的股價從1969年12月的143元大跌至1970年7月的3.50元。1929年9月至11月的股災期間，該公司的市值蒸發了300億美元；但是在1969至1970年股市崩盤期間，損失則高達3,000億！

1960年代「快槍手」[5]的著眼點放在報酬上，他們不太注重風險，這種閒散安逸、無憂無慮的心態是他們身處的市場所造成的。從1950到1965年底，有66％的時間，道指維持在最高點的5％以內；有87％的時間，指數徘徊在最高點的10％以內，在這段時間中，市場幾乎無風無浪，唯一的熊市是「甘迺迪大跌市」（The Kennedy Slide），在這場短暫的股災中，標普500指數下挫了27％，但只花了短短一年多就收復失地。

蔡至勇正在進行一場他無法一直贏下去的賽事。他是新一代交易員中第一個摒棄謹慎沉著、穩中求勝的投資策略，而以走短線賺快錢為目標的人。在蔡至勇的帶領下，曼哈頓基金成為這種微觀策略的先驅，模仿者群起仿效他們的一舉一動，正如羅溫斯坦所說：「有人說，一句由蔡至勇買賣股票而引起的私語，就足以造成輕微的人踩人事件。」

蔡至勇看到了不祥之兆，於是在1968年8月，以大約

5　譯注：快槍手（The gunslingers）是美國俚語，意指積極進取，嘗試從股價急劇波動的短期交易中獲利的投資組合經理人。

3,000萬美元的代價將「蔡氏資產管理及研究公司」（Tsai Management and Research）的股份出售給一家保險公司CNA金融（C.N.A. Financial Corporation）。回顧過往的經歷，蔡至勇對自己所受到的對待感到很不是滋味，他回憶道：

對曼哈頓基金來說，1967年是非常好的一年，記憶中，我們獲得58％的漲幅。我認為在大型基金中，我們的表現是最好的，那一年，我一定感覺很高興，但在之後的一年，卻不是這樣了。在 1967年表現出色的股票在1968年卻表現不濟，不是我持倉太久，就是我買錯股票。但我覺得新聞媒體對我非常不友善。因為富達資本基金在1958年設立，那麼你可能會說，自1958至1967年，我們總是處於領先地位。1968年是糟糕的一年，自從那時起，我就被新聞媒體玩死，就像一個球員，對吧？要是你在十場賽事中都有出色表現，卻在一場賽事中表現差勁，你就是個一無是處的廢物，我認為這樣是不公平的。

蔡至勇確實打了「十場精彩的賽事」，但他當時所參加的比賽就像保齡球賽一般，在球道兩側豎起了「保護牆」（gutter），這樣球就不會掉進溝裡。他盡最大的努力打球，並且成功了。但1968年，當保護牆被拿走時，他的投資者就上了非常艱難而重要的一課——在未來數年內，曼哈頓基

金的資產將會蒸發掉90％，截至1974年為止，在共同基金的歷史中，曼哈頓基金在過去八年的表現最差。在節節攀升的股市裡，水漲船高，而蔡至勇的投資者上了很重要的一課，就是不要把聰明才智與牛市混為一談！

Chapter **8**

華倫・巴菲特

慎防過度自信
之下的交易決策

> 讓我們陷入困境的不是無知，而是那些看似正確
> 的錯誤認知。
>
> ——馬克・吐溫（Mark Twain）

▎Profile／華倫‧巴菲特（Warren Buffett）

股神巴菲特，地球上最知名也是最偉大的投資人，他赤
手空拳地將波克夏公司從一個小紡織廠，轉變為世界前
五大的商業帝國。運用價值投資、複利效應和資本配置
這三個法寶，波克夏公司平均每年為股東創造20%以
上的成長。

　　2017年初的某一天，標普500指數的股票成交金額達到1,050億美元。每個賣出股票的人和每個發出買進訊號的演算法，都認為自己在交易中是站在正確的一方。誠然，投資人都滿有自信的。

　　顧名思義，未來是不可預測的。我們傾向於相信我們知道的，比我們實際知道的更多。在投資上，體現這種思維的其中一個方式是所謂的「稟賦效應」（Endowment Effect），消費者或投資者在購買產品之後，認為自己所擁有的東西特別有價值。也就是說，同一個物件的價值在人們「擁有」時較「未擁有」時為高。

　　想像一下，你正在投注某場足球賽事，你並不是雙方球隊的忠實支持者，你用擲硬幣來決定該下注哪隊，擲了好幾次，但最終決定下注防守較佳但四分衛[1]並不那麼優秀的球隊。當你走到櫃檯下注後，你當下對自己所做的決定感到滿意，這份感覺比你下注前好多了。康德曼、克尼區和塞勒在他們於1991年撰寫的論文《異常現象：稟賦效應、損失趨避及安於現狀的偏誤》（Anomalies: The Endowment Effect, Loss Aversion, and Status Quo Bias）裡提及一個實驗，當中有這方面的論述。

　　在康乃爾大學為本科生開設的經濟學進階課程中，

1　在美式足球比賽中，四分衛是臨陣組織進攻的主帥，他可以遞傳（handoff）或拋球給跑衛、前鋒，或自己持球衝鋒。

二十二名交替而坐的學生各獲得一只咖啡杯，這些咖啡杯在書店的售價為6美元。當賣家可以選擇賣出而買家可以選擇買進時，研究發現，在中位數水平的賣家不願意以低於5.25美元的價格出售咖啡杯；而在中位數水平的買家卻不願意付出超過2.25美元。一旦我們擁有某件物件，我們的客觀思維就會消失了。

該篇論文的作者們發現，這種稟賦效應「不是增強所擁有東西的吸引力，而是增加放棄這東西的痛苦」。換句話說，回頭再看用擲硬幣來決定下注哪一個球隊的賭徒例子，假如問那個賭徒會不會改變主意，他們不太可能會說「好」。一旦你決定了某些之前還不確定的事情，信心就會加倍增長。

「過度自信」在我們的遺傳基因裡已經根深蒂固，即使我們意識到這個問題，我們要防範自己陷入過度自信的境況也變得非常困難。耶魯大學經濟學教授席勒（Robert J. Shiller）寫道：「我們對自己世界觀的滿足感是我們自尊的一部分。」這適用於所有人，尤其是從事金融業的人。反向投資之父大衛・德雷曼（David Dreman）在他的著作《反向投資策略》（Contrarian Investment Strategies）中，指出了財務分析師過度自信的毛病：

財務分析師被問及他們預測股價的高低點會在哪個水平。預測股價高點就是指某個高點水平，分析師有95%的

把握，實際股票價格到達這個水平後，就會掉頭下跌；反之，預測股價低點就是指某個低點水平，他們有95％的把握，實際股票價格到達這個水平後，會獲得支撐而止跌回升，一直維持在這個水平之上。因此，預測股價高低點應該已經涵蓋了90％的個案了，換句話說，假如分析師是務實而持平的，股價向上或者向下突破高低點的次數會佔總數的10％。事實上，出現估計錯誤，即實際股價超出高低點範圍的情況佔了35％的時間，或出現這些情況的次數是原始估計的三倍半

　　這個盲點根深蒂固，不光是一般投資者，甚至是金融專業人士，也成為它的受害者；所有曾經買賣股票的人，包括有史以來最偉大的投資者——華倫·巴菲特也是如此。長期以來，有「奧瑪哈先知」美譽的巴菲特成就顯赫，長期佳績，無人能及。自1962年巴菲特首次買進波克夏·海瑟威（Berkshire Hathaway）公司的股票以來，道瓊指數漲了三十倍，波克夏的股票更勁升三萬三千三百三十三倍。

▎按照自己能夠理解的邏輯去賺錢

　　1965年，巴菲特取得了波克夏公司的控制權，而在此期間，波克夏創下1,972,595％的成長，每年的年均成長率為

20.8％[2]。舉個例子來說明，這是多麼傲人的成就：假如最初投入波克夏股票的資金為 1 萬美元，以年均複合成長率 20.8％計算，在五十二年間，那筆資金已滾大至 1 億 8,513 萬 1,161 美元。

今天，我們所認識的巴菲特，是個有收購公司狂熱而平易近人的億萬富翁。在此之前，自 1957 至 1969 年，這位股神經營一家有限合夥人公司，在這十二年間，他所獲得的總報酬率高達 2,610％，同一期間，道瓊指數的總報酬率只有 186％。扣除開支後，他的合夥人所獲得的報酬率為 1,400％，年均報酬率高達 25％——公司的股東會獲得首 4％ 的利潤，至於任何剩餘的利潤，巴菲特將會與投資者攤分，公司股東會獲得 75％而巴菲特自己則獲得 25％的利潤。

巴菲特把自己所有身家（淨財產）和股東的資金集合一起來進行投資操作，所以若說巴菲特是自己出資並管理自己的基金是太輕描淡寫了。超過四十年來，期間經過九位總統，經歷過每個經濟週期及每種突破性技術的出現，不論是牛市還是熊市，巴菲特締造並長期保持了這項輝煌記錄，

只不過，巴菲特在某些方面被人們低估了，其中之一就是他表達自己投資哲學的能力。在設立部落格及早在網際網路出現之前，他就寫信給股東，這些信後來成為全球數以千

2　每年平均成長率是以複利計算，或稱為「年均複合成長率」。

計投資者先睹為快的讀物。巴菲特經營合夥人公司期間，其中一再重複的訊息，就是要設立正確標準，並要有切合實際的預期。時間一天天過去，巴菲特的投資表現越來越好，他向合夥人發出警告，叫他們不要過度相信他會繼續獲得傲人成績。羅溫斯坦（Roger Lowenstein）就從巴菲特的歷年預測中，摘錄出以下警告，旨在提醒投資人降低對未來的預期：

1962：假如我的表現糟糕，我預料我的合夥人會退出。

1963：可以肯定的是，未來在某些年……我們被人喝倒彩是活該的。

1964：我相信我們打敗道指的優勢將難以維持。

1965：我們不認為合夥企業收益率能長期打敗道指 16.6 個百分點。

1966：我們將會在一些年份出現虧損，並且會落後給道指，這是毋庸置疑的。

1966 年 7 月：我們這種收益情況應該被視為是不正常的。

1967 年，巴菲特寫信給他的股東，當中提出了一些觀點，他將會在三十年後的網際網路泡沫中重複這些觀點：

當遊戲規則改變的時候，只有人類才會說新的方法是大錯特錯的，並且肯定會出問題等等。我在過去就曾因此而遭

到其它人的輕蔑。我也看過一種情況,人們根據以往的情況
而非以現況來做分析,因此而造成損失。基本上我與現況脫
節,但至少有一點我是清楚的:我明白以前的投資方法的內
在邏輯,我不會放棄這個投資方法,即使這意味著,我要放
棄另一種看似能讓我輕易賺大錢,而我自己卻不能完全理解
的方法,那種方法並未經過成功的實踐考驗,而且可能會招
致永久性的資金損失。

巴菲特將打敗道指的目標修訂十個百分點到每年9%的
成長率,或打敗道指5%,以較低者為準。隨後在1968年,
一方面他所提出的警告受到指責,另一方面,他全年獲得
58.8%的報酬率,扣除開支後,報酬率為45.6%,同時期的
道指僅漲了7.7%。巴菲特寫信給股東說:「這個結果是非常
奇怪的,就像在橋牌遊戲中拿到十三張黑桃一樣。」1969年,
年僅三十九歲的巴菲特認為夠了,該停止了,於是,在他的
警告還沒有成真之前,巴菲特結束了他的合夥人公司。

有趣的是,儘管巴菲特獲利甚豐且少年得志,而這兩個
因素容易造就他自以為是的心態,但巴菲特的自信心受到約
束,沒有過火。更有趣的是,六十三歲時,信心十足的巴菲
特卻犯下投資生涯中唯一的錯誤,為此而付上了最沉重的
代價。

透過收購及持有優質企業,這位「先知」晉身成為全球

第二大富豪。1972年，波克夏計劃收購時思糖果（See's Candy），巴菲特與他的合夥人蒙格就收購價一事進行角力，波克夏最終以2,500萬美元收購時思糖果（原本時思開價3,000萬），但巴菲特認為這是理想的收購價。自1972年以來，時思糖果已經賺取19億美元的稅前利潤。

1983年，波克夏以5,500萬美元收購內布拉斯加家具商城90％的股權，現今它是美國最大的家具店；2011年，該公司的收入為他們收購時的十倍。2015年，內布拉斯加家具商城在德州開了一家商店，這家新店在首年的銷售額就高達7億5,000萬美元。

在巴菲特的投資生涯中，他的投資對象都是優質企業，但讓他登上美國富比士400富豪榜（Forbes 400）榜首的，並不是時思糖果或內布拉斯加家具商城，而是保險公司。

巴菲特很早就開始進軍保險業。1951年，他在商學院念書的時候，去了一趟華盛頓，蓋可（GEICO）保險公司的總部就設在那裡。「價值投資之父」葛拉漢是該公司的董事長，當時他任教於哥倫比亞大學，是巴菲特的啟蒙老師。那個時候，蓋可每年的營業額為800萬美元，今天，他們每三個小時便能達到這個數字；他們的營業額佔全美保險業總額的12％。1952年，巴菲特首次買進該公司的股票，一年後賣出，獲利50％。

1967年，巴菲特以860萬美元收購了國家賠償保險公司

（National Indemnity Company）。如今，國家賠償是全球最大的財產及意外保險公司。在商學院念書時，巴菲特就開始持續追蹤蓋可的股價，後來好機會終於出現，於是他全力出擊——1976年，蓋可宣布去年虧損了1億2,600萬美元，該公司的股價隨即由兩年前42美元的高點暴跌至4.875美元。巴菲特買進50萬股並持續增持蓋可的股份，很快便取得了蓋可的控股權。在1996年初，波克夏以23億美元買進其餘一半還未持有的蓋可股份（他只花了4,600萬美元購買首48％的股份）。今天，蓋可的承保利潤達到4億6,200萬美元，並握有170億美元的浮存金（float）。

　　巴菲特在波克夏2016年的致股東的信中，概述了他在蓋可的權益。與其他財產及意外保險公司一樣，蓋可預先向客戶收取保費，然後在客戶提出理賠申請時支付賠償金。巴菲特解釋說：

　　這種「現在收取，隨後支付」的模式，讓財產及意外保險擁有一大筆現金，我們稱之為「浮存金」，這些錢最終都會進入別人的口袋裡。與此同時，保險公司為了自身利益，必須要動用這筆浮存金進行投資。雖然個人保單和索取賠償時有所變動，但相對於保費收入，保險公司所持有的浮存金一般都相當穩定。

然而，並不是每一筆買進交易都是有贏無輸。1987年，巴菲特斥資7億美元投資所羅門兄弟公司，這是到當時為止他們最大筆的投資。結果證明，這項投資雖然替他們帶來豐厚利潤，但1991年，所羅門兄弟違反美國財政部國債投標法規的醜聞案曝光[3]，其後的補救工作使他們疲於奔命，心力交瘁。

1990年，他們買進全美航空（US Airways）12％的優先股，該公司最終會停止派發優先股股息。波克夏最初以3億5,800萬美元買進全美航空的優先股，幾年後，那些股票的市值銳減至僅剩8,600萬美元，減幅高達76％。蒙格說：「眼巴巴地看著公司資產淨值蒸發掉1億5,000萬美元、2億美元，這是一種令人謙卑的經驗……，波克夏最終化險為夷，但我們不希望再有類似經驗。」

你做的是客觀判斷？還是被經驗綁架？

雖然這些經歷不是那麼美好，但與巴菲特那個代價最高昂的錯誤相比，簡直是小巫見大巫。1993年，波克夏同意以4億3,300萬美元的代價購入德克斯特鞋業（Dexter Shoes Co.）的股權。但問題不只是這個業務幾年後將會失去價值

3　請見本書 p.68。

的問題，還有波克夏為提供收購所需資金而發行自家股票的問題。

在收購交易當天，波克夏的股價為 1 萬 6,765 美元，今日的股價已漲至 24 萬 2,000 美元，換句話說，他們當日以 2 萬 5,200 股波克夏股票來換取德克斯特的股權，該批股票的價值今天已增長了 1,350％。當時，波克夏的市值為 190 億美元。我只能想像，假如有人告訴巴菲特，他剛剛將一批股票交付給一家注定會變成一文不值的企業，而這批股票最終會值 60 億美元，即相當於在完成這筆交易時波克夏市值的三分之一，他會有什麼感想？

巴菲特知道他在做什麼。這不是他第一次買下整家公司，甚至也不是他第一次收購製鞋公司。1991 年 7 月，波克夏收購了布朗鞋業（H. H. Brown），當時，布朗鞋業在北美地區的工作鞋靴製造業居領導地位，同時享有非常良好的銷售毛利和資產報酬。因此，當他有機會收購德克斯特這家以合理價格販售男女鞋的製造商時，便趕緊抓住這個機會。

巴菲特告訴《紐約時報》（*New York Times*）：「德克斯特正是波克夏想投資的企業類型……，該公司能夠持續獲得營收，擁有歷久不衰的專營權和優秀的管理人才。」巴菲特在 1993 年的致股東的信中說道：

去年我們所做的，乃是建基於 1991 年收購布朗鞋業的

交易上，布朗鞋業是一家有良好管理的鞋靴製造商。一直以來，布朗鞋業是真正的賺錢股：我們一開始就對布朗鞋業寄予厚望，在法蘭克‧魯尼（Frank Rooney）[4] 的努力下，該公司的業績表現甚至遠超過我們的預期……，因為我們對法蘭克的團隊信心十足，在 1992 年底，我們又再買下洛威爾鞋業（Lowell Shoe），洛威爾是一家女士鞋履與護士鞋的老牌製造商，不過在業務上，它有些地方需要改善。再一次，投資對象的業績超乎我們的預期。所以，去年我們趕快把握機會，收購緬因州的德克斯特鞋業，這家鞋廠專門製造價格實惠的男女裝鞋，我可以向大家保證，德克斯特沒有地方需要改善，這家公司是查理和我的投資生涯中，見過管理得最好的公司之一。

　　毫無疑問，巴菲特意識到德克斯特面臨一些商業挑戰，但正如艾莉絲‧施洛德（Alice Schroeder）在《雪球：巴菲特傳》中指出：「巴菲特打賭進口鞋類產品的需求會減少，在這一件事情上，他剛好超出了自己的『能力範圍』。」看看巴菲特用什麼文字向他的股東描述德克斯特的情況，就會清楚知道，這位投資神童出身的股神，在告誡他的股東不要過度自信的同時，自己卻變成了一個充滿自信且對收購公司極度

4　布朗鞋業執行長。

狂熱的生意人。巴菲特在致股東信中是這樣說的：

　　五年前，我們壓根兒沒想到會進軍製鞋業。現今，我們在這個行業有七千二百名員工，我每天上班的途中，都會一邊開車，一邊哼著「製鞋業是如此獨特」這首歌……，最後，同時也是最重要的一點，哈羅德和彼得可以肯定，合併交易完成後，他們將會一如既往的繼續經營這門生意，這是他們非常喜歡的工作。在波克夏，我們不會在經營者旁邊指指點點，提醒打擊率高達四成的擊球員應該要如何揮棒。

　　在《窮查理的投資哲學與選股金律》（*Charlie Munger: The Complete Investor*）一書中，崔恩‧葛瑞芬（Tren Griffin）寫道：「在對德克斯特鞋業進行客戶盡職調查（Customer Due Diligence）分析時，巴菲特和蒙格犯了錯誤，他們太著重自己認為具有吸引力的收購價，而沒有確定該公司有沒有足夠的護城河[5]。」

　　心理學家葛瑞芬（Dale Griffin）和特佛斯基（Amos Tversky）指出：「有一個因素對直覺判斷影響過大，就是現有證據在有關假設上有多少代表性。」巴菲特的決策依據，除了德克斯特的財務數據及建議的收購價外，還有他收購布

---

[5]　意指得以保障企業、防範同業競爭的持續性優勢。

朗鞋業不到兩年就一舉成功的經驗。巴菲特做了每個人都會做的事，就是憑藉最容易想起的過往經驗來決定「去做什麼」和「不做什麼」。在收購德克斯特鞋業的例子中，巴菲特就是憑著收購布朗鞋業的成功經驗來做決策。

　　魯尼是布朗鞋業的掌舵人，在巴菲特收購德克斯特的交易中充當中間人，巴菲特太信任魯尼了；同樣的，巴菲特也太信任德克斯特的創辦人哈羅德（Harold Alfond）；最後，巴菲特太相信自己了。德克斯特的情況很快就變糟了，其後五年，在波克夏的年度致股東信中都未再提及德克斯特。

　　後來，問題開始浮現。自1994年起的五年間，該公司的鞋類產品利潤和營收不斷下滑。到1999年為止，德克斯特的營收已經下降了18％；營業利潤下降了57％。巴菲特在該年度的致股東的信中指出：

　　我們鞋廠的生產基地設於美國本土，而本地製鞋商越來越缺乏競爭優勢。1999年，美國鞋類產品的銷售量為13億雙，當中約有93％是來自進口產品，美國本土以外的廉價勞工成本是主要的關鍵因素。

　　到了2000年，巴菲特能否把德克斯特鞋業轉虧為盈已不再是個問題：

事後看來，我在1993年斥資買下德克斯特鞋業明顯是個錯誤，更糟糕的是，當時我還是用波克夏的股份來收購德克斯特，這是大錯特錯，為了彌補錯誤，我們在去年撤銷該業務所有剩餘的帳上商譽，雖然德克斯特在未來可能會重新獲得部份經濟商譽，但目前來說，它明顯沒有。

巴菲特購買德克斯特時，過份自信蒙蔽了他的客觀判斷，但他勇於承認錯誤。2014年，巴菲特寫道：「這場財務災難值得列入金氏世界紀錄。」

在2007年、2014年及2016年的年度致股東信中，巴菲特對德克斯特犯下的錯誤有更多的著墨。事實上，巴菲特的其中一個優點，在於他認識到錯誤是遊戲的一部份。巴菲特在每年寫給股東的信中提及「錯誤」這兩個字有一百六十三次之多。就像其他任何有投資經驗的過來人一樣，他對糟糕的投資並不陌生。

巴菲特有權對自己和別人有信心，但他的信心過度膨脹，波克夏為此而付出了60億美元的代價。對我們其他人來說，我們應該想想：為什麼我們要投資？我們真正懂得的是什麼？你所知道的比你的交易對手還多嗎？你有沒有從報紙或網路以外獲得的資訊？我們會不會知道自己在什麼時候是對的？假如我們犯錯了該怎麼辦？在我們心中，過度自信是那麼根深蒂固，即使我們察覺自己有過度自信的問題，也

無法預防。

巴菲特為投資者提供了一個處理過度自信的好方法，假如有人給你一張只有二十個洞的打孔卡片，而那些洞代表所有你在餘生可以做的投資，你會更仔細想想你要做什麼。現在，這個建議並不切實際，在現實生活中，沒有人是這樣有紀律的，但這是個好方法，可以讓我們思考應該花多少心思在投資上，並思考應該如何謹慎地處理投資事務。

透過周詳考慮，我們可以減緩並壓制衝動行為。但要是我們花太多時間、處理太多訊息，我們可能會變得更有信心！我們會走回頭路，再次覺得我們知道的比我們所能知道的更多，這個問題是很難解決的。

當你進行投機操作的時候，防止過度自信的最好方法，就是事先要有周詳的計劃；要知道什麼時候犯錯，運用價格水平、虧損值或損失比率，提早做出決定，尤其是承認失敗的決定。如此一來，可以幫助投資者克服其中一個最大的障礙——照照鏡子，看清自己能力不及的地方。

自尊心執念是
壓垮贏家的稻草

我們對世界的滿足感，是來自於自尊心和個人標
籤的認同感。

——羅伯‧席勒（Robert J. Shiller）
諾貝爾經濟學獎得主

聲稱自己是一名積極的「行動派投資者」，艾克曼可說是市場上最具話題性的對沖基金巨頭之一。相較於其他行事低調的基金經理人，他時常在媒體上大談自己的投資之道。在做空賀寶芙一役中，艾克曼嘗到了認知偏誤的苦果。

　　我曾經看到諾貝爾獎得主及心理學家康納曼（Daniel Kahneman）的論述：「我們的行為多少反映自己的理念和想法，這些想法和理念好像變成個人物品，還要是街知巷聞的，我的意思是，『改變立場』是個不好的字眼，我喜歡改變主意！」這種心態與大多數不想摒棄舊有信念的投資者形成鮮明對比。許多投資者未能取得市場報酬，其中一個最重要的原因，就是由於無法處理那些挑戰他們自負心態的訊息。

　　世界總是在改變，但我們的想法通常不會與世界一起改變，即使有證據否定了我們以前的觀點，當人們偏離自己原先的感覺時，這會讓他們感到非常痛苦、難受透頂，這種思維在我們的基因結構中是如此根深蒂固，因此有人把這種自然精神失常狀態稱為「認知失調」（cognitive dissonance）[1]。舉例來說，你可以問問任何人，他們是否有預測未來的能力？也許他們會向你投來奇怪的眼光，說：「你問我有沒有水晶球？不，我沒有喔。」那好吧，你有沒有選擇個股？你是否經常買賣股票，因為你預期股價未來會上漲或下跌？這些人說自己無法預測未來，只是空口說白話而已，因為他們言行不一。

　　投資者積極尋找和運用資訊，好讓他們對自己現有觀點

1　認知失調理論是由美國心理學家范士庭（Leon Festinger）所提出，意指當人們的自我概念受到挑戰，當兩種認知無法調和一致時所產生的心理衝突，例如我相信這是正確的，但事實卻不然。

有良好的感覺，但這種行為不是普通投資者的專利，事實上，你擁有的經驗越多，你變得越有自信，你就越不可能接受自己是錯的，即使股價大跌一半，說明事實剛好相反。

人類是喜歡講故事的社交動物，而沒有什麼比投資有更多故事題材的了。股票市場有數以千計不同的公司可供我們投資，在股票市場掛牌上市的公司中，有在石油服務領域的、雜貨店、運輸、人工智能、製藥、休閒、零售、設備製造，以及其他各種類型的公司。股價每天都在變化，提供取之不盡的故事素材。

富達公司進行的一項研究顯示，在社交場合裡，人們更願意分享他們的成功而不是失敗，有59％的人與他們的朋友和家人分享讓他們賺錢的交易；只有52％的人分享他們的失敗經驗。人們非常喜歡在財經橄欖球場裡分享他們的戰況，在1998年，美國一度有四十萬人參加了投資俱樂部，這些人偶爾會聚在一起暢談，話題圍繞著他們買進的股票：這些股票自上次見面以來價格已經翻了一倍；那家小型生物科技公司獲得新藥上市許可；或那家科技公司剛剛公布，他們的營收超出預期。但自此以後，每年走在一起交流投資意見的人都遞減了，到2012年，只有少於十分之一的人還會聚在一起交流投資經驗。

人們不再走在一起討論自己心儀的公司，這也許要歸咎於股票市場——兩次腰斬的跌幅就會壓垮投資者，即使最熱

衷說故事的人也是如此。但也許人們是因為另一個原因而不再參與投資活動。要從別人那裡得到啟發進而成為更好的投資者真的是非常困難；更糟糕的是，一旦你分享了自己的想法，當故事往不利的方向發展時，人們就趕快「跳船」了，這麼一來，即使是最開明、最不自負的人也會被扼殺。

股票市場的大部分漲幅都來自賺錢的龍頭股，事實上，大多數股票都是徹頭徹尾的劣質股。在美國，每七檔普通股中，就有四檔的表現落後於一個月期的美國國庫債券；而且因為市場充斥著太多劣質股，隨著時間過去，你很可能暴露了自己是個普通的投資者，沒有過人的選股能力。而且，當你一次又一次地犯錯時，你會感到心靈疲倦，尤其是當涉及像金錢這樣個人的東西時。假如投資者在個人財務上保持個人隱私，行事低調不張揚，那麼，他們的經濟狀況就會好多了。我們可以從一個人身上學到很多關於這方面的東西，這個人有著截然不同的處事方式，他是有史以來最直言不諱和最公開的投資者之一。

▌自信滿滿的行動派投資人

1993年，年僅二十六歲的比爾・艾克曼在對沖基金的世界開展他的事業。他和哈佛商學院的同學大衛・柯維茨（David Berkowitz）向幾名投資者籌集300萬美元，共同創辦

了高譚資本（Gotham Partners）。他們活用經典的老派價值投資法，在創業初期便取得成功。他們以相對低廉的價格買進一些自己認為股價被低估的股票，這些投資決定幫助他們在2000年顛峰時期，將他們的資金從300萬美元翻成了5億6,800萬美元。

　　然而，就像許多成功投資人一樣，他們偏離了他們賴以成功的原則，因而遇到麻煩。艾克曼過度自信，以致做了一些自營交易，在任何客觀的衡量標準下，這些都是不明智的投資——他吸納了一系列不受歡迎和沒有需求的股份。《紐約時報》解釋說：「有調查發現，高譚近年來的交易活動中，出現一系列不合時宜的投資；出人意表地，他們的基金缺乏分散投資，而且過度集中於一些缺乏流通性的股份，當投資者要求贖回資金時，很難在短時間內將這些股票賣出套現。」於是在2002年底，他們宣布打算終止該基金。與其說這是他們做出的決定，不如說他們是被迫這樣做的，因為大批投資者開始要求贖回資金。

　　艾克曼不會讓一個被毀掉的對沖基金拖慢他的步伐，他是基金業有史以來最具競爭力的投資者之一，即使當他還在念高中時，他就無時無刻地在尋找挑戰。他曾經跟他的父親打賭2,000美元，他在大學入學測驗（SAT）的閱讀理解部分會拿到最高分。在參加考試之前，他的父親退出打賭協議，因為他深信他兒子不可能成功，這樣艾克曼就不用賠錢了。

最終艾克曼的閱讀理解考試獲得 780 分。「在閱讀理解部分錯了一題，在數學部分錯了三題。」他沉思道：「我仍然相信有些試題是錯的！」

在終止高譚基金後，艾克曼重新振作，捲土重來。2004年 1 月，他成立新的基金，名為「潘興廣場資本」（Pershing Square Capital Management）。最初他投入 1,000 萬美元的個人資金，並向另一個投資者籌集了 5,000 萬，隔年將該基金向外開放供其他投資者買賣，開放基金後，資金滾滾而來，他的基金吸納了約 2 億 2,000 萬美元。

這個全新的艾克曼，將不會再進行被動投資。以折扣價買進公司股票的做法已成過去，現在要順勢而為。像浴火鳳凰一樣，艾克曼從高譚資本的灰燼中重新站起來，並成為他那個時代最積極進取的行動派投資者（activist investors）之一。所謂的行動派投資者，指的是買進夠大份額的公司股票，以致能夠推動公司進行改革。他們會嘗試說服管理階層更賣力地維護股東利益，這是推升股價的密碼，假如沒有成功，他們還可以在董事會中爭取一個席位並從內部推動改變。

行動派投資者是一群自信滿滿的人。購買一家公司的股份是一回事，將你的意志強加於管理團隊，並告訴他們如何經營他們的業務則完全是另一回事。在這方面，賭注是相當高的，一旦成功，報酬可能非常可觀。舉個例子，艾克曼買進 10％溫蒂漢堡（Wendy's）的股份，溫蒂是他旗下潘興基

金公司的首批目標之一，他們同意將旗下的速食品牌提姆霍頓（Tim Hortons）分拆出來[2]。自2005年4月至2006年3月，溫蒂股價漲了55%。

2005年，艾克曼看上了麥當勞，並建議他們將低利潤的業務分拆出來。他買進6,200萬股的麥當勞股票和期權，假如艾克曼行使該期權，他將會擁有價值20億美元的麥當勞股份，到那時為止，這將會是歷來對沖基金進行的最大宗交易。但麥當勞有其他想法，他們表示：「這個建議涉及複雜的財務工程，並沒有考慮到麥當勞獨特的商業模式。」艾克曼對此回應說：「我們的意向就是要改變他們的意向。」他是個不達目的不罷休的人，「我是你見過最堅持到底的人。」

艾克曼也看中其他公司，其中包括債券保險商MBIA、目標百貨（Target）、西爾斯百貨、威朗製藥（Valeant）和傑西潘尼百貨（J.C. Penney）。

但也許沒有投資者與公司之間的關係，比艾克曼與他對賀寶芙所下賭注之間的關係更加難分難解的了。假如你用谷歌搜尋「艾克曼與賀寶芙」，你將會獲得十八萬個結果。《紐約時報》和《華爾街日報》已經多次報導艾克曼與這間多層次傳銷公司之間流傳最廣的狙擊戰；《財星》、《紐約客》

2　提姆霍頓原是加拿大的速食連鎖店，創立於1964年，溫蒂漢堡在1995年收購了提姆霍頓，並在2006年將其分拆。

（*The New Yorker*）和《浮華世界》（*Vanity Fair*）等雜誌對此也
多有相關報導。

知名財經記者諾切拉（Joe Nocera）在《紐約時報》撰寫
了一篇關於艾克曼與MBIA公司持續長期戰爭的文章：

除了過份和堅持到底的執著，艾克曼所做過的事，沒有
一件可以與他狙擊MBIA公司一事相比了。事實上，我從未
見過一個基金經理人對一家公司死咬著不放，像艾克曼先生
對付這家曾經是默默無聞的控股公司一樣，這家公司的主要
子公司MBIA保險還是美國最大的債券保險公司。

七年後，最終有證據顯示，艾克曼所言非虛，而他也從
中獲利14億美元。但他與MBIA公司之戰只是他狙擊賀寶芙
的戰前熱身。

▌狙擊賀寶芙的多空大對決

根據定義，行動派投資者的資訊是公開的，因為一旦你
買進一家公司5％的股權，你就必須向美國證交會提交13D
表格，但投資者不必披露其「空頭部位」，但無論如何，艾
克曼卻選擇這樣做，這是前所未有的。

賀寶芙是一家總部位於洛杉磯，銷售減肥產品和營養補

充劑的公司，它已有三十七年的歷史，現今的業務遍佈九十個國家。在1980年開業的頭一年，賀寶芙的銷售額為2萬3,000美元；1984年這個數字成長至5億美元；到了1996年，進一步攀升至10億美元。在艾克曼做空賀寶芙股票前的那一年，賀寶芙的銷售額高達54億美元，他們的執行長是美國薪酬最高的執行長。

在2012年12月20日，有五百人聚集在一起參加艾克曼的簡短演說，講題為「誰想成為百萬富翁？」在演說中，艾克曼指責賀寶芙涉及多層次傳銷，並表示會捐出任何從賀寶芙那裡獲得的利潤（他稱之為「給受害者的補償金」）給慈善機構。

艾克曼在演說中指出，賀寶芙的價值比勁量（Energizer）、高樂氏（Clorox）和消費性產品巨頭Church & Dwight還要高。這些消費性產品公司旗下有Arm & Hammer多功能小蘇打粉、戰神保險套（Trojan Condoms）、勁量電池、Edge刮鬍液、高樂氏殺菌濕紙巾等居家必備產品。艾克曼問了一個尖銳的問題：「有沒有人買過賀寶芙的產品？」

這些公司之間最主要的區別，在於他們的毛利率（即利潤減去銷貨成本後的差額）。這三家傳統公司的毛利率介乎42%和46%之間，而賀寶芙的毛利率則高達80%。

艾克曼展示了另一張關於賀寶芙最暢銷的產品——Formula 1營養奶昔的投影片，並將這個產品描述為「一個

不為人知、價值20億美元的品牌」。接著他展示了一張
Formula 1營養奶昔的照片，並將之與其他品牌的產品進行
比較：Oreo夾心餅乾、Charmin衛生紙、Crest牙膏、Gerber
嬰兒食品、棕欖清潔用品、Betty Crocker食品、李施德霖和
高樂氏的產品等。Formula 1是一種奶昔，但有別於GNC、
聯合利華和亞培製造的競爭產品，Formula 1是一種奶昔粉，
它甚至沒有提供即飲奶昔。

　　賀寶芙奶昔粉的銷售額為競爭對手的十至二十倍，但賀
寶芙沒有商店，他們的產品是透過其他的銷售管道賣出，這
是艾克曼論據的核心部分，他認為賀寶芙是以多層次推銷的
手法經營，它不是將產品出售給消費者，而是出售給直銷
商，直銷商再將產品出售給消費者（或產品根本沒有到消費
者手中）。「當你在做數學運算時，你會發現，我們去過皇后
區（Queens）的十家俱樂部，平均每家錄得1萬2,000美元
的虧損，」然後，他播放了一段由其中一個直銷商提供的影
片說：「讓你賺錢的方法不是出售奶昔，而是擁有全球數百、
數十、或數千名在工作中的直銷商。」

　　艾克曼接著問：「賀寶芙賣出的營養粉怎麼可能比亞培、
聯合利華和GNC的產品多出六倍？也許它還更便宜……？」

　　「不，賀寶芙的營養粉價格比第二高價的產品貴了65％
（每食用份量提供200卡路里）。好的，你明白了。」但他繼
續放映了數百張投影片，有數個小時之久，他談及產品科

學、專利和研發；他閱讀公司年報和向證交會提交的文件，顯然做足了功課，正如邱吉爾曾經說過：「盡心竭力，烹調美食。」

艾克曼在長達三個小時的演說中，共放映了三百三十四張投影片，這是他與賀寶芙之間長達數年的戰爭中的最新動作。2012年，他在美國財經頻道CNBC中表示：

全世界有數以百萬計的低收入族群，他們希望有機會能成為百萬富翁或十萬富翁或擁有與其相近的財富，而他們被騙了，我們只是希望暴露真相。假如直銷商知道每年賺9萬5,000美元的機率——他們稱之為百萬富翁行列——其實只有1％的一小部分的人可以達成，那麼就沒有人會報名參加這個銷售計劃，我們只不過把這個事實顯露出來，該公司已經竭力向公眾隱瞞真相。

艾克曼後來會告訴《彭博》：「這是我有史以來，對自己曾經做過的任何投資的最堅定看法。」十六年後，他仍然在進行他的戰爭。在接受CNN新聞網的訪問時，他多次聲稱該公司推行多層次傳銷計劃。

在那些時刻，他讓自己幾乎落到一發不可收拾的境地。艾克曼已經告訴所有人，這是個將會變成一文不值的直銷計劃，他怎麼能承認失敗呢？要是他在這件事情上犯錯，誰還

會再給他資金呢？

在艾克曼發表演說後的三天內，賀寶芙的股價下跌了35％。只不過，這次賀寶芙股票的拋售潮，也為艾克曼的其中一個最大競爭對手提供介入的機會。

1月9日，對沖基金Third Point的創辦人丹尼爾・羅布（Daniel Loeb）向證交會提交申報資料，披露他已買進890萬股的賀寶芙股票，即8.24％的股權，交易完成後，羅布成為該公司的第二大股東。羅布寫了一封信給他的投資者說，他買進大部分賀寶芙股份的交易，是在「做空者提出非常嚴重的指控後引發恐慌性賣壓的情況下進行的」。自羅布提交申報資料後的五天內，賀寶芙的股價大漲20％。一個星期後，《華爾街日報》報導，億萬富翁及行動派投資者卡爾・伊坎（Carl Icahn）也買進了賀寶芙的股份，一個月後，伊坎在公佈的文件中披露他擁有12.98％的賀寶芙股權。

伊坎、羅布兩人與艾克曼對陣——他們進行了一場激烈多空大對決，全是因為艾克曼在賀寶芙一事上高談闊論，喋喋不休。我們無法確定羅布和伊坎是否真的相信賀寶芙是一門好生意，以及它的股價真的被低估了。

其實，在某種程度上，這些都是無關緊要的，重要的是，艾克曼公開承認他會對賀寶芙狙擊到底，這麼一來，他只會更容易成為眾人的箭靶，單憑艾克曼可能被軋空（short squeeze）這一點就足以推升賀寶芙的股價。「軋空」是指有

做空者借來股票然後在市場賣出，在股價飆漲時不得不以高價買回股票，將空單平倉。做空股票的其中一個危險之處在於：理論上，股價有無限的上升空間。

在艾克曼首次發表演說後的數天內，賀寶芙的股價創下24.24美元的歷史低點，此後，股價一直維持在該水平之上。自2012年以來，賀寶芙在一天內漲了5%，有五十個交易日錄得這個漲幅。而當前的股價為71.70美元，比艾克曼首次做空時的股價漲了70%。

▍洞悉看不見的心理和情緒成本

投資成功的關鍵（尤其當你是反向投資者時），在於你要在稍後的時間獲得別人的認同，但當你如此公開高調地談論自己的交易情況時，不論你管理的是對沖基金還是自己的證券帳戶，都會變得困難得多。處理自己的情緒已經充滿挑戰性了，要處理別人的情緒和壓力會更加困難。

當我們長篇大論的談論個人投資時，我們會忘記自己最初交易的原因是為了賺錢——外來的壓力開始起了負面作用。艾克曼不需要錢，假如只有他的投資者才知道他的投資部位，他本來可以輕易地說「我們做錯了」，然後平倉停損，繼續向前看。但很明顯的，他寧願保護自己的清譽，而不是保護投資者的資金。

　　獲得非常高的公眾評價是大有裨益的。在你為現有客戶群獲利以外，在對沖基金的世界裡，沒有一樣東西能像「成功」那樣吸引資金。在宣傳自己的成功經驗上，沒有人比得上艾克曼。

　　艾克曼曾經說過：「假如我認為我是對的，我有時會是全國最堅持不懈和最不屈不撓的人。」有一次，當他發表演說時，艾克曼分享了一張投影片，指出：「為什麼多層次傳銷是非法的？據說直銷在本質上涉及欺詐行為，因為這些計劃最終必定會崩潰。」好吧，賀寶芙也許是老鼠會，也許最終會崩潰，但假如確實如此，艾克曼仍然會做空嗎？

　　當你看見做空的股票不跌反漲時，你的情緒會受到影響，在這個過程中會產生心理和情緒成本，除此之外，你借入股票時還需要負擔實際的財務成本，你可能會覺得，在某個時刻，不論針對賀寶芙的指控是如何證據確鑿，艾克曼的投資者都會投降認輸了。

　　2016 年 7 月 25 日，美國聯邦貿易委員會（Federal Trade Commission）向賀寶芙提出控訴，指稱該公司涉及不公平、虛假和詐欺性商業行為等四項罪名，最後賀寶芙與他們達成和解，並支付了 2 億美元罰款，並表示會「全面重組業務」。該公司的執行長描述，這次和解是「承認我們的商業模式是合理的」。一年後，賀寶芙的股價漲了 11 ％。

　　在 Netflix 的紀錄片《直銷金字塔的真相》（*Betting On*

Zero）中，公共關係策略師約翰‧西爾萬（Jon Silvan）說：「四個小時後，我們聽完演講，十分精彩，聽眾中有些天才看著賀寶芙的股價攀升，我們有什麼回應？」艾克曼說：「這無關緊要，反正股價是不會漲的。」他反駁了這一點，拒絕承認他的做空策略失敗了。那天賀寶芙的股價大漲25％。

　　三年後，艾克曼仍繼續做空賀寶芙。

非受迫性失誤是躲不過的陷阱

在贏家的遊戲中，結果是取決於贏家的正確行動；在輸家的遊戲中，結果是取決於輸家所犯的錯誤。

——查爾斯·艾利斯（Charles Ellis）
《投資終極戰》作者

█ Profile／史丹利・朱肯米勒（Stanley Druckenmiller）

曾幫助金融巨鱷索羅斯的量子基金狙擊英鎊，致使英格蘭銀行幾近破產、為此獲利10億美元的朱肯米勒，是世界上最成功的宏觀對沖基金經理之一，在他的交易生涯中少有敗績。擅長多方持股，並透過槓桿來交易期貨和外匯。

查爾斯・艾利斯在1998年出版的經典作品《投資終極戰》（*Winning the Loser's Game*）中說了以上這番話。換言之，專業選手贏得分數；而業餘愛好者卻失掉分數。「在網球比賽中，專業網球運動員分毫不差地努力擊球，雙方球員進行一連串緊張刺激的來回對擊，直到一名球員成功將球打到對方的空檔位置，或者迫使對方犯錯。」艾利斯將這個情況與業餘比賽所呈現的情況作對比，業餘比賽充滿發球失誤、失球和其它錯誤，而沒有出現以高超技巧擊球或長截擊的戰況。

將業餘運動員與專業運動員對壘，以及業餘投資者和專業投資者在市場博弈上做比較，你不需要多花力氣，就能找出兩者的相似之處。

籠統地說，當股價上漲時，業餘投資者就買進；當股價下跌時，他們就賣出。財經專家庫倫・羅奇（Cullen Roche）說：「股票市場是唯一的市場，當那兒在進行大特賣時，所有的客人在一把抓取折扣商品後就跑出了商店。」這種行為──在股市裡失利後要奔向避難所的心態──導致投資者不僅無法勝過大盤，甚至連投資者報酬率也落後於傳統投資報酬率。這兩種報酬率之間的差距，被稱為「行為差距」（behavior gap），任何有人類進行交易的市場都具備這個永久性特徵。這種落差是因為無數人的「集體行為」可以壓倒我們的感官思維。恐懼和貪婪在受到攻擊時不會有良好的反應。市場，就是惡名昭彰的強迫「非受迫性失誤」（Unforced

Error）[1]之地。

　　行為差距是個很普遍的現象，因為業餘投資者被不盡不實的平均數字愚弄了。他們受到排山倒海般的資訊和著作疲勞轟炸，這些資訊和著作指出，他們「能夠」或「應該」期望他們可以獲得平均報酬，而他們錯誤地將平均報酬當作預期報酬。我們經常聽到「每年股票報酬率通常在8％至10％的水平」，嗯，幾十年來，你們可以說年均複合成長率都會介乎8％和10％之間，但上一次道瓊指數的報酬率介乎8％和10％之間，已經是1952年的事了。你預期市場「會做什麼」與市場「實際做了什麼」之間有很大的差距，非受迫性失誤就是潛伏在這裡。

　　股價的波動幅度往往很大，長時間於上下區間邊緣徘徊；很少時間靠近平均線，這讓投資者有極度挫敗感。這種飄忽不定的股票走勢，導致財富從業餘投資者的口袋裡轉移到專業投資者的口袋裡。

　　美股每年漲30％或十三倍以上，當這種情況出現的時候，你會受不了誘惑，要和你的朋友、家人做比較。當我們將自己的投資組合與其他人的做比較時，往往會發生糟糕的事情，尤其是假如他們的智商較低卻獲得更高的報酬時。另一方面，同樣危險的是，過去有七年的時間，美國股市至少

1　網球術語，意指非因對手壓迫而產生的失誤，而是自己犯下大錯。

下跌30％。在出現大空頭的年份，資產價格暴跌擾亂了投資者長期財富的累積，因為當人們的投資組合受損時，他們傾向於避險，就像你在颱風吹走屋頂後會去購買房屋保險一樣。

在股市見頂或觸底時，業餘投資者最有可能會犯下非受迫性失誤，因為在極度樂觀或極度悲觀的情況下，這個故事將傳遍到主流文化的每個角落裡，當股票崩盤而情況又發生逆轉時，這樣的故事太吸引人了，人們不為此作出改變似乎很不負責任。

偉大投資者做的事跟我們其他人做的很不一樣，別人不想要的，他們買進；別人渴望得到的，他們賣出，他們非常熟悉買股票和賭賽馬之間的相似之處。策略投資專家莫布新（Michael Mauboussin）指出：「基本因素就是這匹馬跑得有多快，而預期就是可能性。」這就是霍華·馬克斯（Howard Marks）[2]所說的「第二層思考」（second-level thinking）[3]，我們大多數人都沒注意到這一點。漫不經心的投資者認為好的公司就是好的股票，而沒有考慮到大部分投資者都有相似的看法。也許志同道合的投資者推高了一家好公司的股價到一個

2　與巴菲特、蒙格齊名的價值投資大師，美國橡樹資本管理公司（Oaktree Capital Management）的董事長暨共同創辦人。

3　一般的人會想：這是一家好公司，我要買進這家公司的股票。第二層思考的人會想：這是一家好公司，但其他人也都有同樣的看法，所以這家公司的股價可能被高估了，所以我應該要賣出這家公司的股票。

地步，該公司的股價足以媲美「偉大公司」的股價，這麼一來，這家公司與起初的時候相比，就有所不及了。

▋即使是贏家，有時也會玩輸家的遊戲

2015年在佛羅里達棕櫚灘（Palm Beach）的一場會議上，主持人將有史以來其中一個最成的功投資者介紹給與會者。主持人將他與巴菲特相提並論，並講述了他所取得的空前成功：

也許巴菲特是投資者的典型代表，他在過去三十年來取得略低於20％的年均復合成長率，三十年前的1,000美元資金已滾成今天的17萬7,000美元，他經歷了二十四年的多頭市場和六年的空頭市場……，在那六年的空頭中，有三年的時間市場跌幅超過20％。而今晚的這位演講者，在三十年前所投資1,000美元，至今已增值到260萬美元……，二十年來，沒有虧損過。

這個人便是史丹利·朱肯米勒，他以接手管理索羅斯（George Soros）旗下的量子基金（Quantum Fund）超過十年而聞名，他是有史以來最成功的全球宏觀投資者之一。

這個宏觀遊戲涉及估量經濟巨變，並估算這些變化將如

何影響全球股票、債券和貨幣。一位同事說:「朱肯米勒比經濟學家更了解股市;而且比選股者更了解經濟。」這是個獨特的結合,再加上朱肯米勒對風險管理很感興趣,他已經擁有強而有力的「雞尾酒」,足以擊敗對手。三十年來,朱肯米勒都在玩贏家的遊戲,「這是我的理念,索羅斯先生強化了這個理念——當你獲得積極進取的權利時,你就應該積極進取。在那些年間,當你剛開始時就獲利甚豐,你就應該在這段時間內嘗試獲取豐厚利潤。」他說

　　根據相關報導指出,三十年來,朱肯米勒每年獲得30%的報酬率,他的方法就是將傳統投資智慧扔到垃圾桶裡去,他說道:

　　當我加入基金這一行的時候,我聽到第一句話,並非我的導師所說的——牛(市)可賺錢,熊(市)也可賺錢,而豬卻任人宰割。我在這裡告訴你,「我就是一頭豬」,而我深信只有一個方法能讓我們在基金這一行中獲得優越的長期報酬——就是做一頭豬。

　　有史以來最佳的投資者把自己當成一頭豬就賺到了大錢,我們可以從朱肯米勒身上學到最重要的一課是:即使是贏家,有時也會玩輸家的遊戲。

　　朱肯米勒在商學院就讀了一個學期就退學了,隨後,他

在匹茲堡國家銀行（Pittsburgh National Bank）開始他的職業生涯。在二十三歲那一年，當時與他同組的其他八位同儕中，他是最年輕的。到了1978年，受聘不到兩年的他就被拔擢為股票研究董事。當時沒有明顯跡象顯示，他往後會成為有史以來的最佳基金經理人之一，相反的，他年輕，而且背景清白，因此甚得老闆的賞識。

　　朱肯米勒曾問他的上司，為什麼同輩們的經驗比他豐富得多，他卻超越了他們？上司回答說：「這跟他們將十八歲的年輕人送上戰場的原因一樣——因為你太笨拙又太年輕，且沒有經驗，橫衝直撞，不知天高地厚；我們自1968年以來一直經歷熊市，我認為市場正步向長期的大牛市，而我們內心都有傷疤和心理陰影，我們無法帶頭去衝，去迎接牛市，所以，我需要一個年輕、青澀的小子帶頭去衝鋒陷陣。」朱肯米勒確實帶頭去衝了，他提到：「我缺乏經驗這一點真的帶來了回報。當伊朗國王被廢黜的事件發生時，我決定動用我們70％的資金買進石油股，其餘資金買進國防股……，當時，我還不懂什麼是分散投資。」

　　數年後，朱肯米勒在一次會議上發表演說，當會議結束後，有人來找上他，跟他說：「原來你在銀行工作！你到底在銀行幹些什麼事呢？你來跟我交流意見吧，我每個月給你1萬美元作為酬勞。」從那件事之後，1981年2月，年僅二十八歲的朱肯米勒離開了匹茲堡國家銀行，創辦了杜肯資

本管理公司（Duquesne Capital Management）[4]。最初該公司的資產規模為100萬美元，並成功捕捉到1981年的一波小型股漲勢。

　　那一年，在短短頭五個月內，羅素2000指數（Russell 2000 Index）[5]漲了14.92％，同時期的標普500指數則下跌了0.23％。在羅素2000指數急升後，朱肯米勒的看法轉趨悲觀，看空後市，雖然如此，即便他的投資組合中有一半是現金，他們仍然在第三季度創下12％的虧損。這次失利導致朱肯米勒改變自己的投資策略，他不斷地改進——他在玩贏家的遊戲。

　　朱肯米勒的故事是我所聽過其中一個最有趣的投資故事。在1987的上半年，股價一飛衝天，當時他看好後市。那一年，在短短頭四個月內，道瓊指數創下三十三次新高，在8月份，道指來到高點，漲幅高達45％。道指急升後，朱肯米勒在夏天對後市的看法轉趨悲觀，果然，股市從8月份的高點回落了17％。朱肯米勒認為道指的支撐將會在2,200點，他從持有淨空倉（net short）轉為在10月16日持有130％的淨多頭部位（net long）。要是你熟悉「黑色星期一」事件[6]的話，你就知道2,200點並非支撐點。

4　這是一家主要奉行宏觀經濟策略的對沖基金公司，朱肯米勒於2010年結束這家公司。
5　該指數是美國中小型股的市值指標，是由羅素3000指數當中市值最小的2,000檔股票構成，總市值不及標準普爾500指數的10％。
6　意指發生於1987年10月19日星期一的股災，當天道瓊指數暴跌22.6％。

　　道指在星期五時收在2,246點，下個星期一收在1,738點，暴跌了22.6%，至今，那一天仍然是美股有史以來最糟糕的一天。股票在開盤時暴跌，隨後反彈，截至中午，朱肯米勒賣掉所有股票，然後轉而做空！他平了倉，在黑色星期一之後，股市出現強力反彈，經過兩天的反彈後，朱肯米勒再次做空股市。當股市在星期四上午崩跌時，他在不到二十四小時內就賺了25%。當美股進入史上最糟糕的一天時，朱肯米勒的淨多頭部位達到130%，他在1987年10月裡仍然獲利。朱肯米勒在投資遊戲中盡顯實力，少有人能企及。

　　才華出眾的朱肯米勒，隨後獲得基金公司德雷福斯（Dreyfus Corporation）的賞識，該公司在1987年延攬了朱肯米勒並讓他繼續管理杜肯資本的基金。自1987年3月成立至1988年他離開的時候為止，他管理的「戰略積極投資基金」（Strategic Aggressive Investing Fund）一直是資產管理界中表現最好的基金。朱肯米勒很快就進一步管理德雷福斯旗下七檔不同的基金，其後他放棄自己夢寐以求的工作，加入索羅斯的公司。

　　憑著自己實力，朱肯米勒踏上成為偉大對沖基金經理人的道路，但他與這位天王級投資者的合作，最終會讓他奠定了傳奇地位。1989年，他加入成為索羅斯的操盤手後不久便做空日本股市，他稱這次交易為「我所見過最好的風險／回報交易」。將近三十年後，日經指數仍低於1989年最高點

的50％，事實證明，這是有先見之明的投資抉擇。

1992年8月，朱肯米勒試圖狙擊英鎊，當時，量子基金的資產規模已達70億美元，在恩師索羅斯的啟發之下，朱肯米勒考慮賣出55億美元的英鎊，然後用那筆資金來買進德國馬克（Deutsche marks），他把幾乎所有資金都重押於單一交易，此舉看來帶有風險，但經過一番計算後，朱肯米勒對此交易信心十足，他認為自己勝券在握。在入市前，他決定先把自己的想法告訴索羅斯。當朱肯米勒講解他的計劃時，索羅斯的表情一臉痛苦，正當朱肯米勒開始對自己制訂的計劃產生懷疑時，索羅斯出乎意料地說：「這是我聽過最荒謬的財富管理運用，你所描述的交易是個非常厲害的單向押注，在這筆交易中，我們應該將我們200％的身家財產押上，而不是100％。」

朱肯米勒和索羅斯投入額外資金做空英鎊，資金總額相當於手上資金的兩倍。英格蘭銀行（Bank of England）動用了270億美元來捍衛自己的貨幣，但仍然經不起量子基金和其他外匯交易員狙擊英鎊的猛烈攻勢。當堤防崩塌、英鎊暴跌的時候，朱肯米勒和索羅斯賺了10億美元。

朱肯米勒在1989年取得31.5％的報酬率，其後四年的報酬率分別為29.6％、53.4％、68.8％和63.2％。他創下有史以來其中一項最輝煌的投資績效，賺了一大筆錢，但不是什麼東西到他手裡都能點石成金，每個人遲早都會出現失誤。

▌嫉妒，是所有交易員最愚蠢的一宗罪

　　每一位宏觀投資者在投資生涯中的某個時刻，都會做大錯特錯的事。1994年，朱肯米勒押注80億美元打賭日圓會下跌，下注金額幾乎等同於他在兩年前狙擊英鎊的賭注，但當日圓兌美元匯率上漲7％，他在短短兩天內就輸掉6億5,000萬美元。經此一役，市場裡的宏觀交易員都元氣大傷；保羅・都鐸・瓊斯、布魯斯・柯凡納（Bruce Kovner）和路易・貝肯（Louis Bacon）也遭到池魚之殃。高盛（Goldman Sachs）經歷十年來最糟糕的一年。量子基金在1994年的報酬率為4％，打敗道指和標普500指數，前者僅漲2％，後者則下跌1.5％，但這4％的報酬率仍遠低於朱肯米勒和他的投資者習以為常的數字。

　　1998年，量子基金在俄羅斯損失高達20億美元，但並沒有因此而對朱肯米勒的事業甚至他當年度的投資表現造成太大影響，他們的基金在那一年仍賺了12.4％，逃避了讓長期資本管理公司受俄羅斯金融危機影響而「被抬到場外」的災劫[7]。

　　只不過，短短一年之後，朱肯米勒就因為另一個失誤而被抬出場，原因並非他錯誤解讀一家中央銀行正在做的事

7　請見本書 p.72。

情，或債券市場發出的訊號。這一次，他犯了在業餘投資者中十分普遍的非受迫性失誤，他不僅擊球進網，更把球打到了另一個球場裡去。

1999年，朱肯米勒耗資2億美元押注在「被高估」的網路股上，賭其將會崩盤。在短短幾週內，他打賭股價會下探到合理水平的那些高價股反而變得更昂貴了。這些先前的押注涉及達6億美元的資金，到了五月份，他的基金下跌了18％。

朱肯米勒與市場脫節，在同一個月份，他聘用了一位年輕的交易員，這跟二十年前他老闆的做法並沒有什麼不同。他參加了在愛達荷州太陽谷（Sun Valley）所舉辦、所有大人物都會參加的年度媒體及科技會議，當他喝完酷愛果汁（Kool-Aid）、回到辦公室之後，給了那位新來的交易員更多資金，並聘請了第二位交易員，而這位交易員同樣熱衷於嶄新的投資方式。「他們把錢投資在這種具放射性的『東西』上，我甚至不知道這些東西的名字該怎麼拚。」朱肯米勒說。無論如何，他們將基金轉虧為盈了，量子基金該年度賺了35％。

二十年來靠判斷資金流動性和經濟走勢謀生的投資者，不應該投資於他不了解的科技板塊，朱肯米勒意識到這一點，並且很快便對他的投資部位感到不安，於是他獲利離場，重操故業，重新回到全球宏觀投資的操作。他看好新推

出的歐元貨幣（Euro），但歐元走勢與他的預期背道而馳，雪上加霜的是，他苦惱地看著已經賣出的科技股價格持續飆升；與此同時，他的兩名新員工很快賺了大錢。朱肯米勒的傲慢阻擋了他對科技泡沫的恐懼，他不想被這些年輕的新進交易員搶去風頭，於是他重新將資金投入了科技股。

在網路泡沫破滅之前，朱肯米勒告訴《華爾街日報》說：「我不喜歡這個市場，我想我們應該要減碼，我不想像史坦哈德（Michael Steinhardt）那樣慘遭滑鐵盧。[8]」但是朱肯米勒並未減碼，事實上，他還下了重注，以每股50至240美元買進網路公司威瑞信（VeriSign）的股票，並將賭注增加一倍至6億美元。隨著科技股開始出現波動，威瑞信的股價跌至135美元，索羅斯希望量子基金減持威瑞信的股份，但朱肯米勒想堅持到底，因為他深信其股價會保持平穩，不會受到網路泡沫的影響。

那斯達克指數在3月10日見到高點，到了4月14日，即二十五天後，那指下挫了34%。威瑞信和其他陷入困境的科技股沒有什麼不同，當泡沫破滅時，威瑞信的股價僅為最高點的1.5%。「能夠像麥可‧喬丹一樣成為頂尖高手是挺不錯的，」朱肯米勒在4月下旬的新聞發佈會上說，「但我做過頭了，以至於斷送勝利的機會。」量子基金該年度下跌了

8　史坦哈德因為投資了他不熟識的市場而蒙受重大損失，請見本書p.91。

21％，而索羅斯基金管理公司（Soros Fund Management）的基金資產，從1998年8月最高峰的220億美元，減少了76億美元之多。

　　儘管朱肯米勒創下了其中一項最輝煌的長期績效記錄，他仍舊謙虛和樂天。他在2017年的Ira Sohn慈善投資大會上說道：「去年，我認為你應該遠離股市、買進黃金，這就是為什麼我今天是來做引言，而不是來演講的原因。」

　　糟糕的投資與非受迫性失誤之間有很大的差別，你的論點是錯的，或你的想法已在價格中反映，這些都是遊戲的一部分，但我們經常會衝動行事，即使我們「知道」自己正在做錯事。很少有人會對非受迫性錯誤有免疫能力，他們之所以經常有這樣的行為表現，是因為不能忍受別人賺錢而自己卻沒有。蒙格曾經說過：

　　　介意別人賺錢比你更快的想法，是其中一種致命的罪，「嫉妒」實在是非常愚蠢的罪，因為這是唯一你永遠不可能從中獲得任何樂趣的東西，有很多痛苦卻沒有樂趣，那為什麼你還要這樣做呢？

　　朱肯米勒也加入嫉妒者的行列，他不忍看見量子基金因為一群新入行的無名小卒賺大錢而感到惱怒──重倉投資科技股的基金公司全年漲幅高達50％，同一時間，量子基金

只有個位數字的成長。

　　朱肯米勒知道自己究竟在做什麼，他只是不能自制。「我買了總值60億美元的科技股，在六個星期內，我在那筆交易中賠了30億美元。你問我學到了什麼？我什麼都沒學到。我已經知道不應該這樣做，我就是個情緒一團糟的人，我無法控制自己，也許我學會了不要重蹈覆轍，但我已經知道這個道理了。」

　　也許我們都需要讓這種事情偶爾發生，有些道理是無法教的，我們要吃到苦頭才會真正學到──即使我們可能無法學到任何東西。

集中投資策略與飆股的生死關

你畢生最好的六檔精選股票表現，會比你其他的
精選股票還要好。

——比爾·魯安（Bill Ruane）
價值投資先驅

■ Profile／紅杉基金（Sequoia）

源自於與葛拉漢及股神巴菲特的情誼，比爾·魯安與其他兩位經理人在1970年啟動紅杉基金，在競爭激烈的華爾街眾多基金中保有長期績效最好的紀錄，部分的原因就是它重押波克夏的股票，並且採取集中持股的投資策略。

「聰明人未雨綢繆，不會把所有雞蛋放在同一個籃子裡。」這個永恆智慧出自塞萬提斯（Miguel de Cervantes）在四百多年前出版的名著《唐吉訶德》（Don Quixote）。分散賭注是聰明的風險管理，也是老生常談。一籃子一百檔股票的非系統性風險會低於一籃子十檔股票。假如你持有一百檔相同比重的股票，其中一檔的價值歸零，在其他條件維持不變的情況下，你將會損失1%；假如你持有十檔相同比重的股票，其中一檔的價值歸於零，你將會損失10%。

歷年來，透過持有分散投資的美股投資組合，人們每年獲得平均8%的報酬率，按這個報酬率計算，你需要花九年時間來將你的錢翻一倍，假如你一開始就擁有雄厚資本，這實在算是不錯的報酬率。但要是每年只獲得8%的報酬率，沒有人會在四十歲時退休——按照這個報酬率計算，你需要九十一年的時間才能將1,000美元滾成100萬美元。在金融領域裡，分散投資是其中一個最基本的原則，也是現代投資組合理論（Modern Portfolio Theory）的核心部分，但為什麼你要把相同金額的資金投資於第二十檔最好的精選股票，並將之視作你最好的主意呢？

金融界有一句古老格言：「致富之道在於專一；守財之道在於多元化。」假如你找到其中一檔超級強勢股並把它緊緊抓住，你就可以在股市裡累積龐大財富。當巴菲特在1962年首次取得波克夏的控股權，該公司的市值約為2,200萬美

元，波克夏的股價一年有十次急漲 50％ 或以上，五十三年來，年均複合成長率接近 21％，現今的市值高達 4,500億美元。巴菲特並不是透過將賭注分散在他的前一百檔精選股票來成為全球首富之一。

　　波克夏是罕見一組股票中的一分子，這組股票為市場貢獻了大部分的長期收益。股票市場總報酬的分佈嚴重向這些賺錢的龍頭股傾斜。在排名前一千檔個股或自 1926 年上市的公司中，少於 4％ 的公司已經貢獻了市場的全部漲幅。

　　埃克森美孚、蘋果、微軟、通用電氣和 IBM 各自為股東們創造了超過 5,000 億美元的財富。每天都有數以百萬計的市場參與者受到激勵，去找尋這些可能改變他們人生的股票。但每一家波克夏就有一家西爾斯控股公司（Sears Holdings）[1]；每一家 IBM 就有一家 GoPro[2]。「致富之道在於專一」這句名言當然是正確的，但它並不是明智的財務建議。這些取得龐大回報的股票，在事後看來總是顯而易見的，然而，要在現實中要找尋並抓住它們，比要揮棒打到時速 100英里的快速球更困難。只要集中投資於任何一檔超級強勢股，你就會成為投資界的傳奇人物；但當你集中投資於幾檔賠錢股，你就完蛋了。有了這個訊息，分散投資聽起來像是

1　擁有一百二十五年歷史的零售巨擘，但近年來不敵電子商務，債台高築，2018 年 10月在紐約聲請破產保護。

2　該公司專門為極限運動者研發生產高畫質錄影器材。

個精明的選擇。

　　一般的投資者通常不會持有集中投資的組合，因為沒有多少個朝九晚五工作的人有時間精力去研究和追蹤這種投資組合，但假如你是其中之一，就算你已經完成必須做的工作，讓你有信心持有龐大部位，也還有許多需要注意的風險。首先也是最明顯的是，「你也許完全錯了」。在可能會出錯的情況裡，這只是潛在的冰山一角。

　　假如你花數十甚至數百小時研究一家公司，「沉沒成本」（sunk cost）[3]是非常真實的，而且可能非常昂貴。你花越多時間來得出結論，就越難改變你的想法。交易員以速戰速決的方式買賣股票，那是一回事；你買進一檔股票，這檔股票卻沒有替你帶來可觀的報酬，那麼，賣掉它吧。但對於基礎投資者來說，假如你心目中的精選股票表現令人失望，你增加持倉的可能性，比你已經意識到你錯過了什麼的可能性都要大──假如你用100元買進你的愛股，當股價跌至90元時，你就會加碼；當跌至80元時，你會感謝市場諸神給你這個機會；但是當跌至70、60或50元時，你會怎麼做？這不只是理論而已，你應該要料到會出現這個情況。幾乎所有最好的股票都會出局，然而，這些股票並不全部都能東山再起，只有憑後知後覺，我們才能將賺錢股與賠錢股分辨出來。

3　意指已經付出且不可收回的成本。

▌當你花費十年追蹤一家公司的價值

　　透過研究有史以來其中一檔最成功的共同基金——紅杉基金，投資者可以明白到集中投資的危險性，紅杉基金能夠將強勢股和弱勢股分辨出來，全力買進自己推薦的精選股票，幾十年來因此戰勝市場。

　　紅杉基金由魯安・卡尼夫・高法伯基金公司（Ruane, Cunniff & Goldfarb）經營，自1970年以來，一直採用長期投資策略，該策略建基於深入研究和精雕細琢的功夫，目的是要打敗標普500指數。根據《華盛頓郵報》的報導指出：「紅杉基金的分析師花上十年時間調查一家公司；他們參加股東會；與數十名員工、經理、客戶和供應商交談，這些事情並非聞所未聞。」你能想像自己花了十年研究一家你甚至沒擁有的公司嗎？假如當你還在檢視該公司的狀況時，他們的股價已飆漲五倍，怎麼辦？你怎麼不會責怪自己為什麼不早點買進該公司的股票呢？

　　紅杉基金對短期利潤和1%的投資部位都不感興趣，他們期望長期持有股票，從中獲得遠遠優於指數的報酬。要透過這種方法來獲致長期成功，需要詳盡的盡職調查。紅杉基金持有股權的其中一家公司——美國汽車零件零售商奧萊利汽車（O'Reilly Automotive），就是其中一個成功例子。

　　2004年，當紅杉基金購入奧萊利的股份時，股價為

19.84美元；2017年底，其股價已漲至約240美元，雖然該年度它曾從最高點下挫近40％。只不過，要賺取如此豐厚的獲利需要做許多事前策劃工作。紅杉基金的董事哈里斯（John B. Harris）對奧萊利進行了深入研究，其中包括到訪了一百家商店。紅杉基金和他們的投資者並沒有因為奧萊利的股價在近期大幅回落而掉一滴眼淚，因為奧萊利是大多數投資者都錯過、難得的十倍飆股。只不過，紅杉基金的廣泛研究並非總能帶來美好的結局。在集中投資的歷史中，該基金曾經成為其中一場最大災難的重災區。

　　管理紅杉基金的魯安・卡尼夫・高法伯基金公司在旗下網站上談到他們的策略時是這麼說的：

　　（我們）採用以價值為主導的方法來管理旗下基金，以低於我們估計的內在價值範圍的價格，買進具備顯著和持久競爭力的優質企業股票，目的是要長期勝過大盤。

　　假如這聽起來像是出自巴菲特的文筆，一點也不是巧合。沒有巴菲特，紅杉基金的故事是寫不成的。不單是因為波克夏在1990至2010年間，在紅杉基金的投資組合中占了最大的比重，當初紅杉基金也是因為巴菲特而成立的。

　　1969年，巴菲特決定結束他的有限合夥人公司。他正確地判斷出當前股市的漲勢太急，價格已過於偏離價值，以致

沒有足夠的投資機會提供他所要求的「安全邊際」，但他不想讓自己的投資者在即將來襲的驚濤駭浪中獨自航行，因為他知道鯊魚會把他們都拖下水去，所以他親自挑選了比爾‧魯安作為他們資金的管理者。正如巴菲特在其著名的論文《來自葛拉漢—陶德維爾市的超級投資人》（*The Superinvestors of Graham-and-Doddsville*）中指出：

當我結束巴菲特合夥人公司時，我問比爾，他是否會成立一檔基金去管理我們所有合夥人的資金，於是他成立了紅杉基金，當時我正要退出，他在一個糟糕的時間去辦這件事。他進入了雙軌市場並面對價值投資者在比較績效上的所有難處。

在接下來的幾年，股市表現不濟，價值型股票的表現甚至更糟糕，巴菲特對此並不感到驚訝。紅杉基金剛剛起步時，路途崎嶇，在開始營運的頭三年，每年的績效均落後給標普500指數。自1970年中成立至1973年底，該基金的價值由1美元縮減至0.85美元，情況糟糕到一個地步，魯安和卡尼夫（Richard Cunniff）幾乎就要在1974年將紅杉基金結束掉，但他們沒有這樣做，在巴菲特及其忠誠的追隨者幫助下，他們挺了下去。

早期買進並一直持有該基金的投資者獲得了可觀的報

酬，四十七年來，紅杉基金每年打敗標普500指數2.6％。在1970年7月投入的1萬美元資金將會翻至今天的400萬美元左右，這相當於人們買進並持有標普500指數而獲得報酬的三倍。

　　每個不偏離其核心理念的投資策略，不論它是價值投資、趨勢投資或其他策略，都會在很長的時間裡，「看起來和感覺上是很愚蠢的」。對魯安‧卡尼夫公司這些價值投資者來說，網路泡沫是屬於那個時期的。1999年，紅杉基金下跌了16.5％，而標普500指數則漲了21％，以科技股為主的那斯達克綜合指數更飆漲了86％！當時，紅杉基金持有非常集中的投資組合，組合中只有十二檔股票，其中37％的資金是投資波克夏的股票。

　　當潮流轉變，價值投資再次盛行時，事實證明當初投資者沒有離棄紅杉基金是正確的。自2000至2002年，該基金的漲幅高達29％，而標普500指數（總報酬）則下跌38％。度過難關之後，紅杉基金反彈回升，但他們是否能從最近發生的一連串事件中東山再起還有待觀察。當股市上揚是由當紅的成長股帶動而令價值投資者追趕不上，這種情況是可以理解的，但紅杉基金此刻遇到的挫折與現行的市場體制無關，這個傷口是它自作自受的。

▊ 從持有、加碼到重押：威朗藥廠的崩跌災難

　　紅杉基金在2010年的年報中告訴投資者，他們不斷發展、高度集中的投資組合已成為過去。「紅杉基金的另一個逐步調整的策略，就是增加持股數量，2010年底，我們基金持有三十四檔股票，我們相信這是一個歷史新高。」但老派投資者的本性難移，紅杉基金很快會就重新回歸集中投資的策略。

　　諷刺的是，在同一份報告中，紅杉基金介紹了威朗製藥（Valeant Pharmaceuticals）[4] 這間公司，後來，他們投資威朗的部位將會變得非常龐大。他們在2010年4月28日首次開始買進威朗的股份，買入價為16美元，那年，威朗大漲了70％，迅速成為該基金的第二大持股。在2011年的頭三個月，威朗又再漲了76％，巴菲特的波克夏二十年來第一次不再是紅杉基金的最大持股。在威朗的助力下，那年他們的績效表現打敗了標普500指數，這是自2003年以來，他們的績效首次領先標普500指數達兩位數。

　　紅杉基金的表現出色，令投資者趨之若鶩，自從買進威朗以來，該基金的資產規模增加了幾乎兩倍。紅杉做了極少數負責任的資金管家所做的事情，就是不接受新申購的資

4　2015至2016年，這間加拿大藥廠因哄抬藥價而遭美國國會調查，並爆發做假帳事件。在這段期間內，該公司的市值曾暴跌九成。

金。（這並非第一次發生，自1982至2008年間也是如此。）

紅杉基金搭過了巴菲特的順風車，又打算對威朗公司的執行長麥克‧皮爾遜（Mike Pearson）做同樣的事，他們如此形容皮爾遜，「能力驚人和以股東利益為優先……，我們認為由他來經營一家在投資藥品方面，本質上是奉行價值投資的公司，是最理想不過了。」

紅杉基金描述威朗是「一家沒有花太多錢在研發上的公司……，雖然如此，但它卻投入大量金錢延攬銷售人才」。事實上，它的業務策略並非依靠研發新藥，而是購買現成的學名藥[5]然後提高其價格。舉個例子，威朗在2013年收購梅迪奇藥廠（Medicis），該藥廠的「二鈉依地酸鈣」用於治療鉛中毒的病人，這種藥物原來的成本價為950美元，威朗把它提高至2萬7,000美元。皮爾遜當然是以股東利益為依歸，但在這一點上，他與巴菲特的相似之處到此為止。談及皮爾遜，巴菲特說：「假如你正在尋找一個經理人，你的理想人選是個聰明、精力充沛和品德高尚的人；但假如他們沒有高尚的品德，即便有高超的智力和精力，也不應該是你的理想人選。」

2015年9月，美國總統候選人希拉蕊‧柯林頓（Hillary Clinton）在推特發文說：「在專科藥物市場拉抬藥品價格的

5　意指當原廠新藥的專利期過後，其他藥廠可依同樣成份及製程生產具相同藥性的學名藥，由於不須經過研發與臨床實驗的階段，因此成本遠較新藥低廉。

做法太過分了,明天我將會提出方案改善這個問題。」在當天和隨後的五個交易時段裡,威朗的股價下跌了31%。該公司因為一些被許多人視為不道德的商業行為而受到懲罰,但提高藥品價格的做法在醫療產業中並不是新鮮事,真正打擊威朗的是針對它詐欺的指控。

2015年10月21日,知名的放空機構香櫞研究(Citron Research)發表了一份報告,對威朗提出會計詐欺的指控,並將之與安隆公司(Enron)比較[6]。當天,威朗股價大跌約40%後出現反彈,收盤時跌幅縮小到「僅」19%。由於紅杉基金在威朗握有龐大部位,當月紅杉基金的表現落後標普500指數達17.47%!(紅杉基金下跌了9.03%,而標普則漲了8.44%。)

隨著威朗股價從高點暴跌逾50%,以及針對他們的詐欺指控席捲華爾街,紅杉基金為此向股東發了一封信,說道:「我們認為該公司的執行長皮爾遜收購一系列處方藥的手段高超。」他們對皮爾森的看法是:「他的每一步都積極進取,同時也吸引了同樣積極進取的批評者。」紅杉基金不僅僅是為了讓他們的投資者平靜下來而說了這番話,事實上,他們相信威朗。因此,他們做了價值投資者在所持有的股票遭受摜壓時會做的事——他們買進更多威朗的股票,交

---

6 安隆曾是全球最大的電力、天然氣及電訊公司之一,2001年爆發美國企業史上最大的系統性財務造假與詐欺醜聞,並在數周內破產。

易完成後，紅杉成了威朗的單一最大股東，占其基金資產的32%。

在恐慌期間，魯安‧卡尼夫公司的執行長大衛‧波普（David Poppe）引用巴菲特昔日的名言說：「要在別人害怕時貪婪。」他也利用波克夏公司來為自己的選擇辯護，他說，當波克夏在1990年代後期被壓垮時，波克夏佔紅杉基金資產的35%，當時波克夏的股價蒸發近半。誠然，後來波克夏止跌回升、收回失地，並且是他們前所未有的最好投資之一。儘管這樣的比較也許讓他對買進額外150萬股的威朗股票感覺良好，卻未能讓他們的投資者冷靜下來。

皮爾遜不是巴菲特；威朗也不是波克夏。《華盛頓郵報》的湯瑪士‧希斯（Thomas Heath）對威朗的描述是：「紅杉基金與一家離岸製藥公司結合，而該公司為了收購其他製藥公司而債台高築，削減成本和研發費用，然後將許多較舊的藥物價格提高至天價水平。」

在為皮爾遜和威朗辯護的八個月後，紅杉把威朗的持股全數賣出。在短短幾個月內，威朗的股價大跌超過90%，紅杉基金曾經靠威朗取得成功，但隨著威朗的股價暴跌，紅杉基金的資產也蒸發了一半。以績效表現為重的投資者，取代了1970年加入的堅定忍耐的投資者。現在的投資者無法忍受基金價值在十二個月內下跌了26.7%，而標普500指數在同期則漲了4%。2013年，紅杉結束旗下的基金以阻止新

的投資者加入。由於發生威朗危機，紅杉基金本來可以用鎖來阻止他們的投資者離開。在短短幾個月內，紅杉的資產從90億美元以上急跌至50億美元以下。單一檔股票徹底摧毀了有史以來其中一檔最成功的基金，在你讓自己處於相同的境況之前，你應該三思而行。

假如你想在股市中賺大錢，你有兩個選擇：（一）買進大量投資商品，例如股票、指數基金等，並長期持有（即便如此，也不能保證你會賺大錢）；或（二）買進幾檔股票並希望自己做對了。

紅杉基金在很長的一段時間裡是做對了，後來他們大錯特錯。即使後來發生了威朗之災，他們的長期績效還是非常傲人的，但這一切的重點在於：假如你要集中投資，就必須有勇氣去面對與大盤大不相同的結果。你很容易因為看到微軟和蘋果股價的長線走勢圖而肅然起敬，但當你這樣做的時候，請提醒自己威朗和安隆的教訓。

你可以採取一些步驟來防止自己與下一個威朗結合。假如你計劃買進晶片製造商的股票，希望它會成為下一個蘋果iPhone的晶片供應商，那麼請把你的想法寫下來，這麼做的原因在於，假如事與願違，你就能夠對抗「稟賦效應」。在這個現象中，人們認為自己所擁有的東西特別有價值，所以會對這些東西賦予更多價值。把買進股票的原因寫下來，這樣就可以緩解這個問題；你還可以做另一件事來防止自己將

來陷入這個處境，就是寫下你停損離場的計劃。

　　舉例來說，假如我把投資組合資金的10％投資於XYZ的股票，買進價為100美元，而我願意承擔該股票5％的風險，然後你就可以據此預先設定停損出場的價格，在這個情況下，其他因素維持不變，假如XYZ股價跌至50美元以下，你就該套現離場。

　　分散投資是緩慢而乏味的，而集中投資卻是有趣和緊張刺激的，但假如你尋求的是樂趣和刺激，那麼股票市場可以是花費驚人的地方。

大致上的正確
勝過精確的錯誤

> 經濟學怎麼可能不是一門行為科學？如果經濟學
> 不具備行為學的特質，那麼它到底是什麼？
>
> —— 查理‧蒙格（Charlie Munger）
> 波克夏公司副董事長

身為二十世紀最偉大的經濟學家，凱因斯的經濟理論主
宰了西方國家的經濟政策，進而建構了1950至1960年
代資本主義社會的政策思維。有趣的是，這位當代金融
巨擘在做投機炒作的前期，卻是賠得一塌糊塗，直到他
轉換策略之後。

　　根據《CNN Money》2017年的報導，今天撫養一個孩子長大成人，要花23萬3,610.1美元，這比過去十五年增加了41％，即每年增加2.3％。

　　從汽油到食品再到教育和撫養孩子，價格往往會隨著時間而上漲。數百萬美國人投資的原因是因為他們要持續跑贏通膨，但那1％[1]的十分之一人呢？這些位在金字塔頂端的人，其財富足夠支撐他們未來四千年的生活費且綽綽有餘，為什麼他們還要投資？我不是在談論為子孫後代投資的有錢人，而是那些花了整整第六和第七個十年的時間，很努力嘗試打敗標普500指數的億萬富翁。

　　一個行年六十、擁有10億美元身家的富人，每天可以花費超過9萬美元，直到他們九十歲生日為止，假如投資的目的是要推遲目前消費以獲得未來利益，那麼，當這些人已經是人生贏家，但仍然花這麼多時間去努力勝過大盤，一定還有什麼其他原因。一些億萬富翁之所以對市場非常著迷，是因為這些人被推動著去爬山，要登上挑戰智力的珠穆朗瑪峰，也就是要將市場的各個部份拼湊起來。保羅‧都鐸‧瓊斯在美國公共電視網（PBS）1987年的紀錄片《交易員》（Trader）中說：

1　根據樂施會（Oxfam）的調查報告，2017年，全球82％的財富集中在1％的少數人手裡（CNBC 2018/1/22）

　　我在大學第四年修讀下學期課程時，他說我一直喜歡雙
陸棋（backgammon）、國際象棋和同類型的遊戲，他說要是
你覺得那些遊戲很有趣，而且你真的喜歡那種刺激的感覺，
那麼我會把最刺激和最具挑戰性的遊戲介紹給你。

　　瓊斯進一步解釋說，一旦他達到一定的目標，就會停下
來並且退休，他沒有具體說明這個數字是什麼，但他說完這
番話後，至今已經三十年了，他早已成為億萬富翁很久了，
而他仍然在管理自己的基金。

　　每天的每一分鐘，市場都在發出提示，向一心想要成為
市場偵探的人發送一點點碎屑的訊息，這是世界上最容易上
癮的遊戲，因為這個遊戲是永無止境的。這些碎片時常擺動
和嘮叨，當你認為你已經想通了，新的規則又推出了。目前
利率在什麼水平？明天利率走勢會是怎樣的？過去十二個月
的經濟表現如何？未來十二個月的經濟走勢又會如何？目前
市場表現如何？不單僅是股票，還有貨幣和商品，以及房地
產和債券，它們的狀況又如何呢？這是一個宏觀遊戲，它摧
毀的財富比創造的更多。

　　即使我們今天有明天的新聞，也無法知道市場會如何反
應，因為物理定律並不適用於市場，那裡沒有 E ＝ MC2。[2] 要

2　意指愛因斯坦的狹義相對論裡的公式，就是能量（E）與質量（M）可以互換的意思。

是你將一個八面球擲出，你無法預計它會往哪裡彈；同樣的，在金融領域裡，情況也是如此——血清素加上腎上腺素，再加上不同的投資時間，然後乘以幾百萬個市場參與者，算出來會是什麼樣的答案？確實沒有人知道。

　　讓我們假設：我們完全確定蘋果公司的收益在未來十年每年會成長8％，這個數字會不會讓你有信心買進蘋果的股票？應該不會吧，原因在於，整體市場成長的速度有多快？投資者預期蘋果的成長速度有多快？即使我們洞悉驅動長期報酬和收益的最重要因素，也不足以確保我們能夠成功。成功要素還欠缺了投資者的情緒和預期，這是無法由世界上任何一個博士模擬出來的。在投資時能夠全面掌握資訊是十分困難的。由於在投資過程中沒有全面的資訊，加上認知偏誤，這兩個因素導致數百萬名投資者被徹底擊敗了。

　　當你在體育賽事或賽馬活動中投注時，你無法知道誰會勝出，但至少你知道賠率。假如你有預感，金州勇士隊明年將會贏得NBA冠軍賽，不是只有你一個人這樣想，勇士隊是冠軍的大熱門，市場或這裡所指的賠率，反映出目前的樂觀情緒。假如你下注100美元打賭勇士隊會贏得2018年度總冠軍，而勇士隊真的贏了，你只會贏得60.61美元的彩金；另一方面，如果你下注紐約尼克隊會勝出，而尼克隊是冷門方，100美元的賭注將會帶來5萬美元的彩金！著名盤口研究者（Handicapper）史蒂芬・克里斯特（Steven Crist）清楚

地解釋了這個概念：「即使是一匹勝算非常高的馬匹，牠可以是一個非常棒的賭注；也可以是一個非常糟糕的賭注，而兩者之間的差異只取決於一樣東西，就是賠率。」

　　下注馬匹或勇士隊，與賭股票或商品價格的相似之處是顯而易見的，但兩者之間有一個很大的差別：說到投資，獲勝的機率是取決於投資者的預期，投資者的預期不會在任何網站上發佈，也不能量化，因為它們受到我們亢奮和憂鬱情緒的影響。你可以獲得全世界所有的資訊，但人類釐定價格，而在做決策的過程中，他們極少能夠完全掌握所有的市場資訊。

▋一般人會怎麼預測一般人的看法？

　　很少人比金融界最臭名昭著的人物——凱因斯更明白到市場應該做什麼與實際上做什麼並不一致。他曾經說過：

　　可以將專業投資比作那些報紙上的競賽遊戲，在比賽中，參賽者必須從一百張照片中選出六張最漂亮的面孔……，每個參賽者必須作出選擇，他們選擇的不是那些自己覺得最漂亮的面孔，而是那些面孔他認為最有可能受到其他競爭者的青睞……，我們已經達到了第三個等級，在那裡，我們發揮智慧來預測一般人怎麼預測一般人的看法。

投資者可以從凱因斯那裡學到很多東西。凱因斯已經學到了一個道理，就是試圖猜測「一般人會怎麼預測一般人的看法」，那些從而打敗市場的方法不值得一試。

凱因斯的著作《就業、利息和貨幣通論》（*The General Theory of Employment, Interest, and Money*）的第十二章是金融史上最具影響力的文章之一。約翰·柏格寫道：「這一章充滿投資智慧，對我1951年的畢業論文有深遠影響……，作為投資者而不是經濟學家的凱因斯一直啟發了我建立自己投資哲學的核心部分。」巴菲特則說道：「要是你明白《智慧型股票投資人》的第八和第二十章，以及《就業、利息和貨幣通論》的第十二章，你就不需要閱讀其他任何東西了；你也可以關上電視了。」索羅斯也寫道：「我自以為是某個神或像凱因斯這樣的經濟改革者。」最後，著名的知識份子彼得·伯恩斯坦（Peter Bernstein）更稱讚凱因斯是風險賦予「今天人們已經漸漸理解」的定義。

凱因斯究竟有何魔力？為什麼這些金融巨頭會如此對他推崇備至呢？

凱因斯寫了幾本國際暢銷書，這幾部著作徹底改變了資產管理機構，同時也建構了眾所皆知的全球貨幣體系。他構思英國就第二次世界大戰的融資安排，在制定戰後全球貨幣體系的「布雷頓森林協議」（Bretton Woods Agreement）上，凱因斯發揮了極大的影響力。當凱因斯去世時，刊載在《泰晤

士報》的訃聞中寫道:「要找出一個具有相同影響力的經濟學家,就非凱因斯的前輩亞當‧斯密莫屬了。」凱因斯高瞻遠矚,走在時代的最前端。經濟學家高伯瑞(John Kenneth Galbraith)在評論其影響深遠的著作《就業、利息和貨幣通論》時,他如此說道:「在已建立聲譽的經濟學家中,沒有人喜歡過凱因斯。當他們面對兩個選擇:一是改變個人想法;二是證明沒有必要這樣做,幾乎所有人都會選擇後者。」

　　凱因斯就讀於劍橋大學國王學院(King's College, Cambridge),在1906年開始他的職業生涯,他在英國稅務、統計及商務部印度辦事處當公務員,數年後,他開始任教於劍橋大學。

　　第一次世界大戰之後,全球貨幣體系受到嚴重破壞,凱因斯代表英國財政部出席在凡爾賽宮舉行的和平會議,但他強烈反對盟軍就戰爭賠償提出的建議,他們向德國提出賠償的要求太苛刻,龐大的戰爭賠款會毀掉這個國家的貨幣和經濟,使雙方處於雙輸局面。凱因斯不同意這樣的做法,於是他辭職了,他寫信給英國首相喬治(David Lloyd George)說:「我應該讓你知道,星期六我從這場噩夢中悄然溜走,我在這裡不能有更多作為了。」

　　凱因斯辭職後,將自己的看法整理成書,名為《凡爾賽和約的經濟後果》(*The Economic Consequences of the Peace*),這本書甫出版便成為國際暢銷書。他在書中寫道:「列寧當然

是對的。要摧毀社會現行基礎，最巧妙和最有把握的方法莫過於貶低貨幣的價值，」他寫下這段預言：「假如我們特意要讓中歐處於貧困之中，那麼我敢說，復仇將不會遲緩。」

　　凱因斯從書籍版稅和演講獲得的收入滾滾而來，於是他決定借助自己對經濟機器的知識進行貨幣投機。在一次大戰前，貨幣與黃金之間有固定的兌換比率，但戰爭結束後，由固定匯率改為浮動匯率，這個轉變給了獨具慧眼的投資者提供良好機會。凱因斯認為戰後通貨膨脹會對法郎造成損害，尤其帝國馬克（Reichsmark）[3]，於是他做空這兩檔貨幣和一些其他貨幣。

　　他在短短幾個月內賺了3萬美元，接著，他順理成章地採取下一步行動，他在1920年成立了一個基金團，為朋友和家人提供資金管理的專業服務。基金團有了一個良好的開始，截至1920年4月底為止，他們賺8萬美元，但好景不常，僅僅四個星期後，短暫的樂觀情緒席捲整個歐洲大陸，他做空的貨幣價格迅速飆升，基金團的資金損失殆盡。當他被迫結束基金團時，每一個貨幣部位都賠錢，後來，凱因斯的父親伸出援手。這次挫折並沒有阻止凱因斯做投資，他捲土重來，繼續投機炒作。1922年底，他的資金規模累積至12萬美元，相當於今天的200萬美元左右。

3　德國自1924至1948年所通行的貨幣。

　　隨後，凱因斯全力投入商品期貨的投機炒作，他採用與之前炒作貨幣相同的「自上而下」的方法，他並未投資大幅波動的法郎、帝國馬克和盧比，而是轉向錫、棉花和小麥期貨。這次投資最終以類似上一次的方式結束。當股市大崩盤來臨，商品期貨的交易量大幅減少，凱因斯的身家淨值減少了80%。

▌破解牽動短期思維的「動物本能」

　　1924年，凱因斯成為國王學院的第一個財務主管，掌管學院的財務。他仍在思考和摸索投資方向，演變過程將費時數年。任何有投資經驗的人都曾經有過凱因斯在1920年代時那樣的感受，我們打開報紙，開始對世界如何運作建立由上而下的觀點，但要搞清楚利率如何影響貨幣；勞動力如何影響價格，以及所有這些因素如何影響我們的投資，這無異於要將一幅三維拼圖中的小拼塊湊在一起，而這些小拼塊總是在不斷移動的。

　　當凱因斯接手管理大學的捐贈基金（endowment fund）時，該基金的投資選擇受到嚴重限制，當時，機構資產管理界主要投資於房地產和債券，大多數機構經理人認為股票的風險太大，對股票避之則吉，但凱因斯反倒能說服他們抽出一部分資金，將這些資金放進一個全權委託的投資組合裡，

如此一來,他就可以隨心所欲地運用這筆錢。劍橋大學教授埃爾羅伊·迪姆(Elroy Dimson)研究了數據紀錄並得出結論:在1922至1946年間,這個投資組合每年的平均報酬率為16%,而市場指數的報酬率則為10.4%。(凱因斯的投資風格多年來不斷地演變,而且,在他擔任財務主管前期所採用的投資方法,跟他最終所採用、獲取超高回報的方法有著天壤之別。)

當凱因斯接管該基金時,他變賣資產以便有錢可以投入股市。把投機於有每日報價和流動性的資產,與投資於某些自己難以控制的資產之間作比較,凱因斯認為自己在前者會有更好的表現。但在股市崩盤時,他的財務槓桿偏高,而且他未能如他先前所設想的那般,追蹤信貸週期以及經濟的擴張和衰退。該基金在1930年損失了32%,1931年再損失24%。他對現況解讀錯誤,而且他對股市崩盤後宏觀經濟的解讀也沒有好到哪裡去。例如他說:「隨著利率低靡,世界各地的企業能再次起飛……,商品價格將會回升,農民的情況會更好。」

凱因斯在十年來取得的成果,已經超過大多數經濟學家一生將會獲得的成就,只不過,儘管他聰明出眾,他的過人才智並未賦予他對短期市場波動的超凡洞察力。我在研究凱因斯的商品交易時,很難清楚準確地列明其表現的數據紀錄,因為他的交易非常頻繁。就像我和許多其他投資者一

樣，他受到「控制幻覺」（illusion of control）[4]之苦，他以為透過如此頻繁的交易，他就能掌握自己的命運和取得成功。他錯了。凱因斯將這種投資風格帶進國王學院大學捐贈基金的運作上，在頭幾年，這種風格帶來了阿爾法系數（alpha）[5]出現負數的情況，顯示該基金的投資表現差勁。

栽在凱因斯手上的不只是大學，還有他所管理的一個資金池，該資金池在股市崩跌後被清算了。約翰・瓦希克（John F. Wasik）在《凱因斯的財富之路》（*Keynes's Way to Wealth*）這本書中提到：「儘管凱因斯以傲慢和那副自以為聰明才智高人一等的模樣而聞名，然而，他幾乎輸掉了兩筆財產，這些讓他羞愧難當的經歷，反倒改變了他對最佳投資方法的看法。」凱因斯有了一百八十度的轉變，由一個短期投機者變為長期投資者。市場的心理力量吞噬了凱因斯，使他對宏觀經濟及貨幣、利率與股價之間的狂熱，似乎變得完全無關緊要。

凱因斯開始研究公司的營運狀況，留意相關資訊，包括現金流、營收和股息，著眼於賣出價格低於內在價值的企業。他從宏觀走向微觀；從「由上而下」走向「由下而上」，有了這個新視野，他得以為自己、國王學院和兩家保險公司

4　這個概念是由心理學家蘭格（E. Langer）所提出，意指人們自以為對於無法掌控的事件具有影響力的錯覺。

5　Alpha系數是指基金根據Beta系數所計算出預期報酬與實質報酬之間的差距。Alpha值愈高，代表基金的表現愈佳。

累積財富。凱因斯放下身段，放棄嘗試預測利率、貨幣和這兩者如何影響經濟，作為長期價值投資者，他買進自己對「資產和最終獲利能力感到滿意，且考慮到這兩個因素，市場價格看來便宜的證券」。凱因斯是宏觀經濟學之父，但諷刺的是，他一旦能夠採用與之相反的方法，他的投資就一舉成功。

假如你能以低於其內在價值的價錢買進一個投資商品，那麼長遠來看，你勝出競爭對手的可能性要比在短期內勝出對手的可能性更大一些。凱因斯在《就業、利息和貨幣通論》第十二章中提出這一點：

> 直白地說，我們必須承認，在估算一條鐵路、一座銅礦、一家紡織工廠、一項專利藥品的商譽、一艘大西洋大型客輪和倫敦金融城裡一棟建築物的十年收益率方面，我們的知識基礎相當薄弱，我們有時是一無所知的，甚至五年收益率也一樣。

雖然凱因斯投入價值投資的做法成功了，但這種投資方法本身也面臨一連串的挑戰。就像其他事物一樣，價值是季節性的，你永遠不會預先知道什麼時候冬天才會來。自1936至1938年，凱因斯失去了三分之二的財富，他管理的投資組合表現也好不到哪裡去。兩家由他管理旗下資產的保險公

司，董事會對他的表現感到非常憤怒。國衛保險（National Mutual）損失了64萬1,000英鎊，當他們要求凱因斯對此作出解釋時，他寫道：

> 我不相信以非常低廉的價格出售投資資產，可以彌補沒有在高價賣出的失誤……，我不認為在跌市時，一個機構投資者或任何其他認真的投資者要不斷地思考是否應該盡快獲利出場，這不是他們需要關心的事情，更不是他們的責任……，在市場低迷時，我們全部人都應該將投資部位賣給別人並僅持有現金的想法雖然很棒，但這會對整個系統造成破壞。

短短十年後，凱因斯的思維就來個急轉彎。國王學院也想要答案，於是兩個月後，凱因斯在寫給國王學院資產委員會的備忘錄中回答說：

> 由於種種原因，作出徹底改變的想法是不切實際而且實在是不受歡迎的，大多數作這樣嘗試的人是賣得太晚和買得太晚了，而且多數時候他們都在做這兩件事情……，我現在相信成功的投資取決於三個原則：
> 　其一，仔細選擇出幾項投資，考慮的因素是根據未來幾年這些產品的可能實際價值和潛在內在價值，以及當時可供

選擇的其他投資商品，進而評估這些投資商品是否便宜。

其二，在任何情況下，堅定不移地大量持有這些資產，也許持有好幾年，直到它們達到了投資目標，帶來足夠的報酬；或者直到有證據顯示，當初的買入決定是錯誤的。

其三，平衡的投資部位，換言之，儘管有龐大的個別投資，卻能夠分散風險，如果有可能，同時承擔方向相反的風險[6]，以作對沖。

一個非常自負的宏觀經濟學家，憑藉才智上的彈性，靈活變通，投資策略從由上而下轉到由下而上，這實在是很了不起的。他向現實低頭，承認預測投資者情緒幾乎是不可能，而且很多時候都是浪費時間的。

每個人都認為他們是長期投資者，但我們卻沒有注意到人生苦短的事實。凱因斯在《貨幣改革論》（*A Tract on Monetary Reform*）一書中指出：「『長期』這個概念誤導群眾對目前情況的了解，因為從長遠來說，我們所有人都會死。」長期報酬對投資者來說是非常重要的，但我們的投資組合每天都會按市值計價，所以，當市場出現短期動盪時，長期思維就會被拋到了九霄雲外。我們傾向被短期思維所牽引，凱

6　例如在投資組合中，同時納入黃金和股票，因為當市場波動時，金價和股價可能會朝相反的方向移動。

因斯稱之為「動物本能」（animal spirits）[7]，他將其形容為「一種自發的行為衝動，而不是量化利益乘以量化機率的加權平均結果。」凱因斯是其中一個少見的投資者，不單覺察到自己的認知偏誤，而且能夠有效地加以抑制。

自1928至1931年，國王學院的資產大幅縮水近50％，同一時期的英國股市僅下跌30％，但是自1932至1945年，凱因斯將基金規模大幅擴大了869％，而同一期間的英國市場僅增長23％！當凱因斯由短線投機轉為長線投資時，一切都不一樣了。在這段時間的前半段，該投資組合的平均換手率為56％，在後半段的時間卻下降至僅14％。

在塞勒（Richard H. Thaler）的《推出你的影響力》（*Nudge*）[8]、席勒（Robert J. Shiller）的《非理性繁榮》（*Irrational Exuberance*）[9]等著作，以及康納曼和特沃斯基（Kahneman and Tversky）提出「展望理論」（Prospect Theory）[10]之前，有凱因斯提出的「動物本能」。凱因斯意識到自己可以獲得全世界所有的訊息，但如果沒有控制自己的行為和預測他人行為的能力，那一切就毫無意義了。

7　凱因斯在1936年發表的《就業、利息和貨幣通論》一書中提出這個經濟學術語，意指影響與引導人類經濟行為的本能、習慣與感情等非理性因素。

8　Nudge一字的英文原意是「用手肘輕推」，本書提倡的「輕推理論」就是「提出運用適度誘因或鼓勵、提醒等方式，在不限制個人選擇自由的情況下改變人的決定。」

9　本書分析人們在股市中的投機心理與行為。

10　或稱前景理論，是一個行為經濟學的理論，專門研究人們在面臨選擇時無法理性思考的現象。康納曼因提出這個理論而獲得2002年的諾貝爾經濟學獎。

在 1929 年美國股市大崩盤和隨後發生的大蕭條，以及第二次世界大戰的一段時間內，凱因斯能夠取得卓越的投資成果，是因為他放棄嘗試去玩不可能的遊戲，在這個不可能的遊戲裡，他要在短時間內比別人想得更快、更透徹。弄清楚「一般人怎麼預期一般人的看法」這個問題，已經超出了即使是其中一個最優秀的人才也難以超越的能力範圍。對我們凡人來說，這個教訓是顯而易見的：不要玩這個遊戲！要有長遠的目光，並著眼於資產配置。

成功投資者建立能讓他們在牛市中充分捕捉到上升趨勢的投資組合，而不會感覺他們落後於大盤；還有，在熊市中，當周圍的人都失去理智時，成功投資者的投資組合能讓他們安然度過危機，這絕非易事！聽起來很簡單，其實是非常困難的。

最有紀律的投資者非常清楚他們在不同的市場環境裡會有怎樣的行為，因此他們會持有適合自己個性的投資組合，他們不會拼死也要建立一個「完美」的投資組合，因為他們知道世界上並不存在這種東西。相反的，他們欣然接受人們錯誤地以為是凱因斯說的這句話：「大致上正確，總比絕對錯誤要好。」

Chapter 13

約翰・鮑爾森

福兮禍所伏而你只需要贏一次

在你領先時就要放手，最好的賭徒都這樣做。

——巴爾塔沙・葛拉西安（Baltasar Gracian）

西班牙哲學家

■ Profile／約翰‧鮑爾森（John Paulson）

2007年的次貸危機席捲美國，隨即引爆隔年的金融海嘯，鮑爾森看準房地產泡沫的隱患，毫不客氣地做空房地產抵押債券，狠賺40億美元，獲得「放空之神」的名號，旗下基金規模更暴增到300億美元，寫下無人能敵的市場傳奇。

　　問問人：假如一個精靈在他們面前出現，他們會想許下什麼願望？最佳的答案，就是要做一個有錢人。雖說「要小心你想要的東西」是一句老生常談的話，不過這句話的背後卻有一個很好的理由。

　　1988年，威廉‧波斯特（William "Bud" Post III）在賓州的樂透活動中贏得了1,620萬美元，當他2006年去世時，每個月還得靠約450美元的救濟金過活；伊芙琳‧亞當斯（Evelyn Adams）也中了兩次樂透，雖然贏得共540萬美元，但二十年後，她已經一貧如洗，並住在貨櫃屋裡。這些故事不僅是軼事，而且比你想像中的更常見。在所有樂透彩的中獎者中，差不多有三分之一的人都把錢敗光了。中樂透純粹是靠運氣，但另一方面，成功的投資卻是結合了好運和高超技能兩個因素。

　　股票市場是世界上最大的賭場，讓你賺錢的方法比比皆是，那裡的「賭桌」提供期權、槓桿ETF和期貨合約等博奕遊戲供投資者下注，有數以千計、各式各樣的「檯面」供投資者參與。而且，除了各種顯而易見的好處之外，在市場裡走運的最大好處就是：你的證券經紀帳戶不會讓你受到審判。「你認為股票翻倍的原因是否是你一廂情願的想法？你的決策是基於什麼基礎?!」憑運氣所賺的錢，和憑個人技能所賺的錢是很難區別的。

　　投資是一場激烈的大腦和慾望遊戲，你的競爭對手擁有

　　無盡的資源，還有掌握資訊的優勢，因此，你走運的可能性遠遠高於持續跑得比競爭對手快的可能性。

　　雖然偶然賺到錢是很不錯的，但在投資市場走運的壞處就是：我們傾向將成功歸因於我們的技能，而不是運氣，然後我們將這份信心轉化到下一次的投資上。假如所有樂透彩的中獎者有三分之一破產了，那麼所有幸運的投資者，其績效表現就會回歸均值。

　　在這個問題上，策略投資專家莫布新（Michael Mauboussin）的見解是：「主要的問題是，讓自己處於享有好運的境地；同時也要讓自己處於失敗的境地。」一旦你獲得無數次成功，通常距離失敗不遠矣。當投資者走好運時，他們很少會走到收銀台前，交出手上的籌碼兌現，急流勇退；我們很自然地會有把那些「從賭場贏來的錢」再押上賭桌的感覺，賭輸了也不怎麼樣，反正那些賭本都是贏回來的。我們想再次體驗市場裡的滾滾錢潮，於是我們推動自己繼續前行，我們希望自己會再次碰上好運。約翰·鮑爾森就是一個好運之人，他的運氣是前無古人後無來者的好，投資者可以從他身上學到很重要的經驗。

▋預見次貸危機：賭對史上最偉大的交易

　　鮑爾森在1994年斥資200萬美元成立了他的對沖基

金——鮑爾森對沖基金公司（Paulson & Co.），在此之前，他任職於投資銀行貝爾斯登，專職負責合併套利（merger arbitrage）的交易。這個策略涉及同時買進及做空兩家參與合併的公司股票，其買賣交易是根據達成這個合併協議的可能性而進行的，但在對沖基金的世界裡，合併套利是相當枯燥乏味的。只不過，讓鮑爾森出名的不是這個投資策略，而是他投入的巨額賭注——全面攻擊房地產泡沫。

當時，在美國房地產市場崩潰後，鮑爾森的資產迅速膨脹，達到360億美元，讓他成為世界上第二大對沖基金的掌舵人。但鮑爾森並不滿足於一筆大額交易，他一直在尋找下一筆大買賣。自十年前成為有史以來收入最高的對沖基金經理人以來，鮑爾森已經損失大約75％的資產，現時，他管理的資產規模不到100億美元，其中80％是自己和員工所持有的。

在2000年代中期，當美國其他地區的人都申請第二次抵押貸款和炒賣房子之際，鮑爾森對房市的後市卻不太樂觀。鮑爾森在他的明星分析師保羅・佩拉格利尼（Paolo Pellegrini）的幫助下分析房市走勢，發覺美國房地產市場泡沫脹大的可能性越來越大。

假如你想在2005年獲得房屋貸款，你只要「問一聲」就可以了。舉個例子，一個墨西哥街頭樂手聲稱自己有六位數的收入，雖然貸方對那位樂手的收入狀況所知甚少，但仍然

批出貸款。以那位樂手身穿表演服的照片代替正式收入證明；從事草莓採收工作的亞貝多（Alberto）和羅莎・拉米瑞茲（Rosa Ramirez），每週收入為300美元，他們與另一對夫婦合作，那對夫婦從事蘑菇種植，每週賺取500美元。這兩對夫婦每個月的總收入為 3,200美元，他們取得房屋貸款後，每月須還款3,000美元。每年賺取1萬5,000美元的草莓採收員「有資格」申請72萬美元的房屋貸款。簡單的說，這就是房地產市場泡沫。

2005年，次貸客戶的貸款總額高達6,250億美元，佔全年所有房屋抵押貸款的五分之一，其中有24％的房貸是在借款人沒有繳交任何頭期款的情況下核發的。佩拉格利尼認為住宅市場出現泡沫，他告訴鮑爾森，「房價即將大跌」。

直到2000年時，房價一直追不上通貨膨脹的速度，這個情況已持續了二十五年，房價每年平均上漲1.4％，接著，在房市最終出現泡沫的這段期間，房價開始以相當於每年平均價格的五倍速度飆升。到了2005年，房價已經暴漲，佩拉格利尼相信，房價崩跌並回到二十五年來的趨勢水平只是時間早晚的問題。根據這些訊號，鮑爾森準備好有所行動了。

問題是，你不能做空房子，所以他們必須找出別的方法來打賭房價會下跌。他們明白「信用違約交換」（credit default swap, CDS）是一紙保險合約，讓你打賭某家公司將會無力償還債務，出現債務違約的情況。鮑爾森首次涉足做

空房地產交易活動，就是買進與債券保險商MBIA相關的信用違約交換合約，MBIA的業務是為抵押債券提供保險。在這次交易中，鮑爾森買進價值1億美元的CDS保險合約來對沖MBIA公司的債務違約風險，他每年需繳付50萬美元的保險費。2005年，他買進更多的信貸違約交換合約，這次買進的CDS是針對兩家大型貸款機構——美國國家金融服務公司（Countrywide Financial）[1]及華盛頓金融（Washington Financial）——針對其債務違約風險而發行的。

　　只不過，假如鮑爾森認為這項有史以來最大的報酬是垂手可得的，他很快就會意識到一個問題：這些事情需要多久才會發生？房價在2005年9月觸頂，但是他的CDS合約已持續在虧損當中。

　　假如你打算贏取相當於樂透彩1,000％或以上的報酬率，你就必須跟市場共識對賭，我的意思不是說有一、兩個朋友不同意你的觀點；我的意思是，「所有人都不同意你的觀點」，到一個地步之後，他們會認為你是瘋了。想像一下：例如你認為蘋果公司一文不值，整個企業的運作是個騙局，他們說手上有總值2,400億美元的現金，你卻認為這並不是事實。你對這個想法堅定不移，以至於將畢生積蓄都投資於看跌期權（put options），打賭有史以來最成功的公司股價會

1　美國最大的房地產抵押貸款公司。

下跌，這就是十年前鮑爾森在房地產市場所做的事。

　　一位對沖基金投資者說道：「鮑爾森一向在做合併套利，但突然間卻對房市和次貸有強烈的看法。房貸大師們，包括其中一位投資聖手——艾靈頓集團（Ellington）的創辦人維諾斯（Michael Vranos）對次級房貸的看法都正面得多。」但鮑爾森卻不以為意，他只是一直拼命的買入信用違約交換合約，其他交易員都認為鮑爾森太瘋狂了，這些蠢事可能會擊垮他。

　　由於很想聽取房市專家的意見，鮑爾森從貝爾斯登聘用了一位分析師，這位分析師向他們保證，（貝爾斯登）運用優良的投資模型來預測抵押貸款償還能力及房價，二十年來，他們一直仔細研究市場動態，佩拉格利尼預測房地產市場會出現泡沫，但他們（貝爾斯登）卻不以為意。

　　鮑爾森相信自己團隊的分析正確，可是他怎麼知道自己是對的？怎麼可能有人知道呢？每個團隊以外的人都告訴他，說他瘋了，這就是大多數說自己是「反向投資者」的人不願意支付的情感價，人們不喜歡有人對他們的判斷提出質疑，但你不可能在取得超高報酬的同時，而不會給人「你的腦筋有點不正常」的感覺。

　　最終在2007年2月，種種交易跡象顯示：鮑爾森站在對的那一邊。美國第二大次級房貸機構新世紀金融公司（New Century Financial Corporation）宣佈將會調整2006年前三季

的獲利數字，隨後其股價重挫36％；計算次級房貸價值的ABX指數從100點暴跌至60點。鮑爾森很快就發現到，自己正坐擁12億5,000萬美元的收益。

▋錯估黃金後市：當幸運之神離你而去後

　　要在論文上做出正確的論述是一回事，但要即時從中獲取利益是非常困難的，尤其是，假如你是在管理別人的財富。鮑爾森的投資者看著他年復一年，季復一季的流血，心裡很不高興。這些保險費付諸流水，而沒有得到任何回報。然後，當他們開始看到有跡象顯示鮑爾森是對的，並且他們購買的保險開始得到回報時，他們就要求要獲利離場。

　　投資者被告知要「繼續持有賺錢股」，但你能想像坐擁10億美元的帳面利潤而不見好就收、獲利離場嗎？你晚上還睡得著嗎？假如這只是狼來了，而後指數迅速打回原形，那該怎麼辦？放棄10億美元的收益是否會讓你留下永久的瘡疤？

　　ABX指數反彈至77點，鮑爾森的收益蒸發了一半。但事實證明，那只不過是迴光返照。

　　次級房貸借款人的違約事件持續增加。2007年，當次貸市場崩潰的時候，鮑爾森旗下的兩檔信貸基金暴漲了590％及350％，鮑爾森的公司賺了150億美元，他個人的佣

金收入就高達40億美元。在金融史上，沒有人在一年內比鮑爾森賺得更多。

當你在市場上贏了大錢，會遇到一些問題，一些我們所有人都希望遇到的問題。當你贏大錢後，一般的利潤對你說就不會再有驚喜。像大多數賺大錢的人一樣，鮑爾森很快就去尋找他的下一筆大交易。「這就像溫布頓網球賽一樣，當你贏了一年，你就不會想套現離場，你會想再下一城。」[2]另一個問題是，「獲得空前成功並克服自負的心態」幾乎是不可能的。我們剛開始時都過度自信，而且豐厚的收益會讓我們有不切實際的期望。

在金融危機和聯準會推行量化寬鬆的貨幣政策（QE）之後，鮑爾森轉而投資新的資產。他堅相未來會出現通貨膨脹的問題，於是他想購買抗通脹的投資產業，事實上，他想買一些在通膨之下可能會變得更有價值的資產，答案就是黃金。於是在2010年夏天，鮑爾森動用50億美元投資跟黃金相關的資產，成為全球最大的黃金持有者。

鮑爾森未能複製1914年金融危機期間金價暴漲的成功。黃金價格從2011年的高點下跌了30%。2011年，鮑爾森公司旗下備受矚目的優勢基金（Paulson Advantage Fund）價值蒸發了超過三分之一；翌年，該基金續跌14%，至今仍未收

2　引述自《史上最偉大的交易》（*The Greatest Trade Ever*）一書，格雷戈里‧祖克曼（Gregory Zuckerma）著。

復失地。優勢基金在2013年上漲26％後，已經連續三年呈現虧損。2016年，鮑爾森旗下多檔其他的基金也出現跌幅，優勢基金旗下靠槓桿操作而獲得更高報酬的姊妹基金價值也暴跌了49％；鮑爾森的另一檔基金是合併和套利相關的專項基金，被認為是他專長的領域，該基金的價值在2016年一年間就蒸發了25％。

2010年，鮑爾森是收入最高的對沖基金經理人，他賺了49億美元——至少這是稅前收入。換句話說，他每天賺1,340萬美元；每小時賺55萬9,000萬美元；每分鐘賺9,000美元；每秒鐘賺155美元。而當年甫獲選為全球最有價值的職業足球隊曼聯（Manchester United），球隊總價值也不過是18億3,000萬美元。

至少有四十檔美國羅素3000指數（Russell 3000）[3]成分股的股價，在過去五年中每年都翻漲了一倍，所以投資者有很多機會獲得豐厚的回報。每個人都想找捷徑，這是我們的天性；每個人都想找到下一個微軟，但是在盡全力一搏的過程中，會有很多問題浮現。首先，最明顯的是，好的投資機會非常難求。全球五十家最大的對沖基金公司，其交易金額佔紐約證券交易所上市股票總交易金額的50％，而其中最小的對沖基金公司，每年花在購買交易資訊上面的錢就高達1

3　該指數囊括了三千家全美市值最大的公司股票。

億美元。想像一下，每當你買賣股票，你都會與文藝復興公司（Renaissance Technologies）的詹姆斯・西蒙斯（James Simons）[4]互換手上的股票，西蒙斯就是你的對家，他就是跟你對作的人。單靠「運氣」就能挖到寶藏是有可能的，但這個想法有點天真。

至於第二個會浮現的問題，是我們都想面對的問題，也就是當你一旦在股市裡取得空前成功後，你會極度渴望再找到能賺大錢的機會。從市政債券（Municipal Bonds）中獲得4％免稅收益的感覺，與獲得巨額報酬的感覺肯定不太一樣。

你只需要發一次財就可以了。假如你努力工作或者受到幸運之神眷顧，而成為當今世界上1％最富有者的一份子，那麼請別再嘗試在投資市場中賺錢，因為你已經贏了。

4　數學奇才，創辦以量化交易聞名的文藝復興公司，將世界首屈一指的數學運算模型運用在對沖基金的運作上。

耐心與紀律是
逆轉虧損的金鑰

你需要耐心、自律，面對虧損也能處之淡然。

——查理・蒙格（Charlie Munger）

▌Profile／查理・蒙格（Charlie Munger）

作為股神最親密的戰友，蒙格與巴菲特共同創造了波克夏公司的投資傳奇，半個世紀以來，巴菲特不只一次向世人強調：「查理對我的影響無可取代，他運用思想的力量，讓我從猩猩進化到人類，否則我會比現在窮得多。」

在過去十年，Netflix、亞馬遜和谷歌是三家最成功的公司，他們的產品改變了我們的生活方式，而他們的股東也獲得了巨額利潤，假設這些股東有長期持有的投資紀律的話。其中一個最古老的金融法則是：風險與回報是息息相關的，假如你想擁有可觀的回報，那麼可以肯定的是，你無可避免地要承受巨大風險。

亞馬遜自 1997 年首次公開發行股票後，股價漲幅高達 38,600％，年均複合成長率為 35.5％，以此計算，剛開始若投入 1,000 美元的本金，二十年後可將之翻成 38 萬 7,000 美元。即便如此，這中間的難度仍不容小覷，因為若進一步來看，在三段不同的時間內，亞馬遜的股價下挫了一半，其中一次，發生在 1999 年 12 月至 2001 年 10 月間，該公司股價大跌了 95％！在此期間，假設初期資金為 1,000 美元，資金價值將會從 5 萬 4,433 美元的高位縮減至 3,045 美元，損失高達 5 萬 1,388 美元。所以你會明白，為什麼你看著並希望買進一檔長期贏錢的股票是種愚蠢行為。「天啊！我應該知道亞馬遜會改變這個世界。」好吧，也許你應該知道，但即使你已得知亞馬遜會改變這個世界，堅持長期持有它的股票談何容易呢？

另一家創新公司 Netflix，自 2002 年 5 月首次公開發行股票以來，年均複合成長率高達 38％。但同樣地，想持續投資這家公司也需要幾乎非人的紀律。在 2011 年 7 月至 2012

年9月間，Netflix的股價曾四度下挫一半，跌幅達82％。在此期間，1,000美元的本金將會翻成3萬6,792美元，然後縮水至6,629美元。投資者能否眼巴巴看著他們的初期資金銳減三十倍而仍然堅持不放棄呢？在過去的二十個月，它的股價增長500％，而後在短短十四個月內這個增幅便化為烏有！

　　谷歌是這三家公司中最年輕的公司，自2004年上市以來的年均複合成長率超過25％，相對於亞馬遜和Netflix，谷歌的股價較為平穩。其股價「只有」一次下跌一半，在2007年11月至2008年11月間，其股價下挫了65％。當谷歌股價腰斬時，許多投資者抵受不住這些大公司都曾經歷過的風浪。谷歌股價在兩百六十五天內持續下跌，直至觸底，在此期間，谷歌股票的成交總金額近8,450億美元，而其平均市值則略低於1,530億美元。換句話說，每張谷歌股票平均轉手五次半，如此一來，就剝奪了許多投資者在未來八年內獲得515％報酬率的機會。

▋如何與市場波動好好相處？

　　查理・蒙格對投資亞馬遜、Netflix或谷歌這類高成長股從來不感興趣，但就像那些公司一樣，即使是如窮查理這般的傳奇投資者，也曾遇到不可思議的慘痛經歷，但長遠來

說，他仍取得了驚人的長期成果。

身為波克夏公司副董事長的蒙格，是巴菲特的長期工作夥伴，並因此而聞名；但也因其投資智慧和俗稱「蒙格主義」（Mungerisms）的格言而臭名昭著。他喜歡顛覆問題，透過反向工程來思考問題，舉個例子，他說：「我只想知道我將來會死在什麼地方，這樣我就永遠不會往那裡去。」他在2002年的波克夏股東大會上說：「人們計算得太多，思考得太少。」

蒙格其中一個與眾不同的特質，就是不會分心在那些超出自己能力範圍之外的事情上。他曾經說過：「我們有三個選股用的籃子：入選、出局和難以分析。」投資者接納他這個建議是明智之舉，「假如某個東西是難以明白的話，我們便轉向別的東西，還有什麼比這更簡單的呢？」他說。

現今世界，產品日新月異。對投資者來說，能夠分辨哪些「紫色和綠色魚餌」（按：股票）具吸引力是有好處的，蒙格提到：

我想，有一個故事充分地說明了為什麼我們在投資管理方面做了這麼愚蠢的事。這個故事是關於一個賣釣具的人，我問這人：「我的天哪！這些紫色和綠色魚餌真的能吸引魚兒過來嗎？」他回答說：「先生，我不賣魚餌給魚兒的。」

1948年，在尚未與巴菲特見面的十多年前，蒙格從哈佛

法學院畢業後，便跟隨父親的腳步成為執業律師，擁有十分成功的事業。在他從事律師工作的時候，進行房地產開發的投資並賺到了第一桶金。艾德・戴維斯（Ed Davis）是巴菲特的第一批投資者之一，1959 年，戴維斯把巴菲特介紹給蒙格，這次見面激發了蒙格對投資的熱情。

巴菲特邀請戴維斯投資 10 萬美元，戴維斯爽快的答應，這讓讓巴菲特非常意外，因為當巴菲特向他解釋自己的投資策略時，戴維斯似乎不怎麼用心聆聽。戴維斯之所以一口答應巴菲特的請求，是因為巴菲特讓他想起了另一位投資者，這個得到戴維斯完全信任的人，就是蒙格。這種信任感深厚的程度，甚至後來當戴維斯在填寫要寄給巴菲特的支票時，還不小心把收款人的名字寫成了「蒙格」！

蒙格和巴菲特一拍即合。經過多年來的溝通交流、學習和分享彼此的想法之後，在 1962 年，蒙格開設了一家新的律師事務所[1]，並同時創立了惠勒・蒙格公司（Wheeler, Munger and Company），這家投資公司後來取得了空前成功。

起初，當蒙格加入基金行業時，市場氣氛熾熱。從 1962 至 1969 年，在扣除相關開支前，該基金的年均報酬報率為 37.1％，這是個驚人的數字，但是當你想到當時的市場環境時，更是會難以置信。在這八年裡，選股並不容易。事實上，

---

1 該事務所名為「蒙格、托爾和奧森律師事務所」（Munger, Tolles & Olson），目前仍在營運中，但蒙格已於 1965 年離開。

在同一段時間，若把股息計算在內，標普500指數僅漲了
6.6%。而自該基金在十四年前設立以來，每年的平均報酬
率為24%，年均複合成長率為19.82%，打敗了同一時期僅
上漲5.2%的標普500指數。

　　要是蒙格的有限合夥人能夠和蒙格同甘共苦，他們會做
得非常好，但是要忠於蒙格，就如同要忠於亞馬遜一般，並
非易事。

　　投資者可以從其中一個頂尖投資高手學到的最寶貴經
驗，就是股市好景不常，有起有落。在長線投資的過程中，
難免會遇到損失慘重的情況，要是你不願意接受這個現實，
你就不會獲得股市提供的長線回報。正如同蒙格所說：

　　要是你不願意冷靜地面對市場價格在一百年內兩至三次
下跌50%或以上，那麼你就不適合成為一個普通股股東，
而且，相對於那些有適合投資的性格且較能豁達地面對這些
市場波動的人，你將要承受平庸的投資結果，你真是活該。

　　巴菲特曾經說過：「蒙格願意接受震盪較大的投資表
現，而且剛好他傾向集中投資幾檔股票，並因此做出成績。」
集中投資是一個保守的說法。蒙格會讓大多數集中投資的投
資者看起來像是在做分散投資。

▋面對巨額虧損的投資哲學

1974年底，有61％的基金都買進藍籌印花公司（Blue Chip Stamp）[2]的股票。當時，美國經歷了大蕭條以來最嚴重的熊市，藍籌印花的股價大幅下挫，蒙格持有大量該公司的股票，因此股價大跌對他的投資組合造成重大損失。藍籌印花的主要營收最高曾來到1億2,418萬美元；1982年下降至900萬美元；到了2006年僅剩2萬5,000美元。「至於藍籌印花的本業，在我掌管公司業務期間，印花銷售額由1億2,000萬美元減至10萬美元以下，換句話說，在我掌管期間，銷售額大減了99.99％。」蒙格說。

只不過，藍籌印花公司最終會走出困境，繼而會成為非常重要的資產，它還會收購包括時思糖果、水牛城晚報（Buffalo Evening News）和威斯科金融（Wesco Financial）等公司。1983年，藍籌印花公司併入了波克夏。

1973年，惠勒‧蒙格的基金下跌了31.9％（同期的道瓊指數下跌13.1％）；1974年續跌了31.5％（道瓊指數則下跌23.1％）。對此蒙格說道：「我們在1973至1974年間的大空頭中被擊倒了，這不是就實際內在價值來說，而是從市場報價的角度來看。當時，我們的上市證券價格必須降低至其實

2　藍籌印花的主要業務為銷售贈品券給包括超級市場或加油站等商家，當時蒙格出任
　　該公司的董事長，同時它也是波克夏早期收購的公司之一。

際價值的一半以下。這是一段很長的艱難日子——1973至
1974年是一段很長、非常糟糕的時期。」

　　蒙格並不孤單，對許多偉大的投資者來說，這段日子很
難熬。巴菲特旗下的波克夏股價從1972年12月的80美元大
跌至1974年12月的40美元。在1973至1974年的熊市中，標
普500指數大跌50%（同一時期的道瓊指數下跌46.6%，回
到1958年的水平）。

　　要是在1973年1月1日投資1,000美元於蒙格旗下的基
金，該筆投資在1975年1月1日會只值467美元，但它很快
就會從低谷反彈——1975年，該基金的報酬率為73.2%——
但太遲了，由於蒙格的基金表現不佳，令某個大客戶的精神
和情緒大受打擊，他最終失去這名投資者，並決定清算合夥
人公司。

　　在1973至1974年間，蒙格旗下基金的表現慘不忍睹，
儘管如此，該基金自成立以來，未扣除相關費用的年均報酬
率仍然是亮眼的24.3%。

　　股價腰斬的不僅是熱炒股，任何價格長期持續飆漲的股
票總會在某些時刻出現崩跌的情況。自1914年以來，道瓊
指數暴漲了26,400%，但也曾九次分別下跌30%；在大蕭條
時期，指數更大跌了90%，直到1955年時才突破1929年的
高點。說到股票的長期波動可真不得了！在二十一世紀的頭
十年，代表藍籌股的道瓊指數曾兩度經歷重大跌幅（在網際

網路泡沫期間下跌38%、在金融風暴期間下跌54%）。

　　對於像你和我這樣的平凡人，重點是：假如你想尋求高報酬，無論在數年內，還是在投資生涯中實現這個目標，在過程中，巨額虧損的情況總會發生。蒙格曾經說過：「我們喜歡一切事情都簡單一點。」你可以簡化你想要的東西，但這仍然不會讓你免於遭受重大損失，就算投資組合中的股票與債券各佔一半，在金融大衰退時期，其價值也會蒸發掉四分之一。

　　我們可以從不同方面來思考損失：第一種是絕對損失，也就是獨立存在，不受其他因素影響的投資。蒙格的情況是，他有相當多的絕對損失。他在管理自己的基金期間曾損失53%，而他所持有的波克夏股票，曾分別六次出現20%的跌幅。有些人可能會對「跌幅」一詞感到陌生，跌幅就是指股價從高點回落到低點的幅度，換句話說，波克夏的股價曾創下歷史高點，其後分別六次創下20%的跌幅。

　　至於第二種損失是相對損失，也就是說，你可以從其他投資中獲得收益。在1990年代末期，當科技及網路股的熱潮席捲美國之時，波克夏留在自己的能力範圍之內，這讓他們付上了沉重的代價。從1998年6月至2000年3月，波克夏的市值蒸發了49%，不僅如此，網際網路的熱烈炒作讓波克夏雪上加霜。在那段時間，那斯達克100指數（NASDAQ 100）爆漲了270%！ 巴菲特在1999年的致股東信中指出：

「我們重視相對數字，但是時間一久，相對較差的數字其絕對數值肯定也不會理想到哪裡去。」

不論你是選股或選指數，都難免會遇到相對績效非常糟糕的情況。在網路泡沫達到高峰的前五年裡，波克夏的股價表現落後標普500指數117％！蒙格並未採取任何補救行動，但很多人已開始質疑：蒙格和巴菲特是否與新世界脫節了？

在過去五十五年，蒙格的財富如雪球般越滾越大，究其原因，正如他所說的：

華倫和我都不是天才，不能蒙住眼睛下棋或成為一位鋼琴演奏家。但我們能取得驚人的成績，這是因為我們有個性上的優勢，這個優勢大大彌補了智商的不足。

你要對損失泰然處之。出售資產的時間不是在資產價格下跌後，要是你這樣投資的話，你就注定要長期面對讓人失望的報酬。要向其中一個投資大師學習，不要嘗試避免損失，這是不可能的，你倒不如集中精力確保你不會成為「強迫賣家」（forced seller）。假如你知道有些股票的股價曾經大跌了一半，而且將來這個情況肯定會再次發生，那麼，你的持股比重就不要超過讓自己安心的範圍。你該怎樣做呢？

你應該這樣做：假設你的投資組合價值為10萬美元，你知道你不能容忍超過3萬美元的損失，假設股價下挫一

半，而債券價值則會維持不變（這絕對是一個假設，沒有人
能保證債券價值會維持不變），那麼在你的投資組合中，持
股比例就不要超過60％，假如60％的股票部位蒸發了一半，
你應該沒問題的。

最大限度減少
將來後悔的祕訣

> 我的目的是要極力避免將來後悔。
>
> ——哈利・馬可維茲（Harry Markowitz）
> 投資組合之父、諾貝爾經濟學獎得主

■ Profile／克里斯・薩卡（Chris Sacca）

聲名顯赫的矽谷投資人，薩卡投資過數十間聞名全球的新創公司，包括推特、Uber、Instagram 等。2015年登上《富比士》雜誌的封面，擠身全球最佳風險投資人排行榜，而這要歸功於史上最成功的創投基金 Lowercase Capital。

　　這本書的重點並不是要教你如何避免糟糕的投資，而是要明確地揭示：糟糕的投資是無法避免的。艱難時刻只是交易的一部分。在還活著的投資者中，沒有一個曾經獲得1,000％的報酬；事實上，甚至連接近這個報酬率的也達不到。投資者之所以未能持續地獲得成功，其中一個主要原因，在於我們根本沒有太多做財務決策的經驗。人類世世代代一直傳承下去，從事狩獵、採集食物和保護巢穴的活動，長遠來看，投資和為退休做準備的儲蓄對我們而言非常陌生，我們現在才剛剛學習到一些法則。

　　紐約證券交易所於1817年開業，其歷史可回溯到十代之前，指數基金只有四十年的歷史。假如你要繪製已有兩百萬年的人類歷史年表，記錄發生在某日的歷史事件，「現代投資組合理論」將會出現於時鐘上的11：59：58。若以這種方式來思考的話，莫布新（Michael Mauboussin）提出了一個問題——你在過去兩秒鐘學到了什麼？

　　在過去兩百萬年，人類生存的主要目的，是要將我們的基因傳承給下一代。而簡單的經驗法則可以幫助我們達到這個目的，就如同「如果你在灌木叢中聽到一些嘈雜聲，快跑！」。假如事實證明，那些可疑的聲響不是劍齒虎發出的而只是風聲而已，那麼沒關係的。這種「先走為敬」的心態幫助我們在金融領域中生存，但有太多人在做投資決策時未能壓抑這種原始本能，這種心態曾經也將會繼續在「投資報

酬」與「投資者報酬」之間形成差距。金融市場一有風吹草動就趕緊退場是很危險的，因為問題幾乎、從來不是一隻劍齒虎，而且「假如沒有糟糕的結果，那就沒關係了」這個法則並不適用於金融市場。

美股一年內的平均跌幅為14％，因此預料美股會有一點波動，但是劍齒虎或嚴重的熊市少之又少。股市的調整經常發生，但很少會變得更糟糕，所以每當股票下跌一點點就賣出，待塵埃落定再有所行動，這是高買低賣的好方法。在過去一百年裡，我們只經歷過少數可怕的市場危機，包括經濟大蕭條、繁華盛世年代後的股市大崩盤、1973至1974年的熊市、網際網路泡沫爆破，以及最近發生的全球金融危機。要是每次股價下跌一點點時就賣出，根本不可能投資，因為你會經常活在後悔之中，而「後悔」是認知偏誤（cognitive bias）的工具箱裡其中一個最具破壞性的情緒。

投資者不僅活在現在，而且還帶著過往經驗，這是很危險的，因為這些經驗會讓我們不斷地做對比，但類比關係並不存在。我們獨立檢視個別的投資決策，不受先前決策的影響，這對我們是有益處的，因為投資者在審視未來的市場環境時往往會過度依賴過往經驗。

為了檢驗這個假設，一組研究人員針對智商正常的腦部損傷者進行研究，這些人的大腦中負責邏輯思維的部分完好無損，但負責情感的部分卻受到損害，因而限制了他們產生

一般感覺的能力，例如緊張、後悔、焦慮等等。《華爾街日報》在2005年透過這個研究，發表了以下的報導：

> 該研究發現，當缺乏情緒反應的受試者進行簡單的投資遊戲時，這個缺點實際上讓他和對手博弈時佔有優勢，情緒受損的受試者更願意進行帶來高報酬的賭博，因為他們的膽子大；但大腦完好無損的受試者在進行投資遊戲時卻更加謹慎和有更多反應，最後卻贏得更少的錢。

即使有人告訴我們，擲一枚動過手腳的硬幣，出現正面的機率為60％，出現四次反面將會改變一些人的決定，雖然他們知道應該打賭每次都會出現正面。「假如你觀察這些人，他們都知道該怎麼做才是正確的……，但是當他們實際進行遊戲時，他們卻開始對前一輪的遊戲結果有所反應。」

人類大腦中有一套事先編寫好的程式，名為「後見之明偏誤」（hindsight bias），我們「軟體」中的這個缺陷，會錯誤地讓我們相信一直以來自己「知道將要發生什麼事」，事實上我們卻不甚了了。後見之明偏誤導致後悔的感覺，而後悔又導致我們做出糟糕的決策。

後悔的感覺會以兩種截然不同的方式引導大腦意識：我們不會害怕自己會做出錯誤決策——雖然這檔基金的表現差勁，但我仍然會繼續持有，因為我不想在最低點賣出；除此

之外，後悔的感覺會迫使我們去做某些事，理由是：我們不想因為沒有做這些事而感到後悔──我打算投資這個虛擬貨幣的ICO[1]，因為我無法忍受自己錯過下一個比特幣的崛起。

你可能認識賈伯斯（Steve Jobs）和他的早期合夥人沃茲尼克（Steve Wonzniak），但對於羅納德・韋恩（Ronald Wayne）這個名字可能會感到陌生。韋恩是蘋果公司的第三位共同創辦人，但他的名字從史冊中被刪除了，因為他在1976年以800.4美元出售了他在蘋果公司的10％股份。

蘋果公司目前的市值超過9,000億美元！你永遠不會有這樣的痛苦遭遇，但在某一刻，你會放棄某個表現出色的投資機會，這個可能性相當高。在這個遊戲中，你無法避免後悔的感覺，你會買進你其實不想要的投資商品；你會賣出你其實想繼續持有的投資商品。我們可以從有史以來其中一個最成功的投資者身上，學到有關後悔的一切──克里斯・薩卡可以說比二十一世紀裡的任何人，更深刻地經歷了沒有把錢賺盡的情況。目前市場上只有八家市值100億美元或以上的私營公司[2]，而薩卡讓其中兩家從自己手中溜掉了！

1　ICO（initial coin offering），意指首次公開募集資金。
2　意指未公開上市或股份不公開的公司。

▌發掘「五千倍股」的創投金律

　　所謂的「十倍投資」(ten bagger)，就是讓你最初的資金增值十倍的投資。大多數投資者都不夠幸運，在大海中撈不到針，但即使他們找到好的投資商品，大多數人都缺乏紀律，讓自己的資金從1美元翻成10美元。當你看到有些股票大幅上漲，很難不感到（一）貪婪，和（二）覺得那些收益會被人奪去。在公開市場上，十倍股都是獨角獸公司[3]，但在私人市場上，尤其是在初期，甚至可以找到千倍股——在私人或公開市場的投資歷史裡，薩卡和他的投資者在這方面的經驗可說比任何人都還要多。

　　薩卡是「小寫資本」(Lowercase Capital)的創辦人兼董事長，該公司是早期的創投基金。薩卡在與提摩西・費里斯(Timothy Ferriss)[4]交談時，提及他的第一檔基金：「這也許是創投史上最成功的基金。」他們基金的報酬是原始投資金額的兩百五十倍，他們的初期投資者挖到寶了。將你的錢滾大兩百五十倍是非常驚人的成就。我們可以用蘋果公司作為對比，假如你想從歷來表現最佳的公司中獲得兩百五十倍的報酬，你必須在1998年2月買進蘋果的股票！

3　風險創投專家李愛琳(Aileen Lee)在2013年提出「獨角獸」的概念，借用其稀有的概念來形容那些市值達10億美元的新創公司。

4　全球暢銷作家、天使投資人及健身專家，《Fast Company》雜誌提名他為「最有創新力的商業人物」。

　　薩卡在不到十年的時間內，在他四十歲前成為億萬富翁，這是因為他精於發崛獨角獸，也就是估值達到十億美元的私人公司。小寫資本是Uber的首批投資者之一，最初投資30萬美元吸納此概念股。最近，它持有多達4％的Uber股份，為該基金帶來一檔五千倍股。

　　除了Uber，薩卡極為成功的投資還包括圖像社群媒體Instagram、群眾募資平台Kickstarter、企業通訊平台Slack、網頁程式設計公司Automattic（WordPress是它的母公司）、雲端通訊軟體Twilio，以及最為人熟知的推特（Twitter）。

　　在推特首次公開發行股票當日，薩卡和他的基金所持有的股份累計佔公司發行資本的18％。薩卡最初以500萬美元投資推特，該公司目前的市值高達150億美元，是讓薩卡資金增值三千倍的三千倍股。這筆投資據報為薩卡的投資者帶來了50億美元的超高報酬。薩卡還參與了Instagram的第一輪募資（Serious A）[5]，向該公司提供創投資金，當時Instagram以2,000萬美元的估值進行融資，薩卡後來以10億美元出售Instagram的股份給Facebook，這筆交易為薩卡帶來「只有」原來投資的五十倍進帳。

　　薩卡遵循四條投資規則，他在《提摩西‧費里斯秀》（*Timothy Ferriss Show*）的播客（podcast）中分享了這些金律：

5　Series A在創投基金（VC）中屬於較早期，通常屬於在企業種子階段（Seed Stage）或新創階段（Start-up Stage）進行的募資。

1. 他必須知道自己可能對投資結果，有直接和個人的
   影響。
2. 在投資前，投資對象必須具備優越條件，薩卡把注
   意力放在如何把好的東西變得更好。他沒有嘗試修
   正那些從一開始就不是好的投資選擇。
3. 他耐心等待讓他致富的交易。
4. 他選擇會讓自己引以為傲的交易並會全力以赴。

▊不揮棒的勇氣：活著，比什麼都重要

　　即使投資者有自己的投資流程和可觀報酬，也難免會遇
到一些憾事。薩卡有機會投資於一些二十一世紀最成功的新
創企業，在這些企業中，有許多企業他緊抱著不放，但令人
遺憾的是，他卻讓其他機會溜走了。

　　當薩卡在谷歌工作時，他與GoPro的創辦人尼克‧伍德
曼（Nick Woodman）見了面，即便當時他還沒有自己的創
投基金，但要是有機會的話，「他也會拒絕投資」。他告訴費
里斯：「谷歌的執行長艾力克‧施密特（Eric Schmidt）對我
說：『嘿！你能進來和這個人坐下來談談嗎？我一位朋友的
朋友說我們要和這個人見面了。』伍德曼帶來了GoPro相關
的投資方案，艾力克露出好像『我不知道』的樣子，而我心
裡想，我們要是做了這筆交易，那可就愚蠢極了。在硬體製

造上，這個來自聖塔克魯茲（Santa Cruz）的傢伙怎能跟那些亞洲人競爭呢？你跟台灣或韓國人比還差得遠呢。我當時的反應是，老兄，這東西行不通啊，就讓這傢伙走吧。」GoPro 在 2014 年以略低於 30 億美元的估值上市。

薩卡沒有機會投資 GoPro，他原本有機會投資一些十年來最知名和最為人熟知的公司，但他卻拒絕了。「在我一直重複做的惡夢之中，其中一個是跟我放棄過的投資機會有關。」他提及自己與雲端儲存平台 Dropbox 見面的時間，當時，Dropbox 還在參與創投公司 Y Combinator[6] 的早期創業計畫，從 Y Combinator 那裡獲得融資。當時，谷歌也正在開發名為「Drive」的檔案分享服務，他不相信 Dropbox 可以打敗谷歌，他甚至建議他們走一條不同的道路。

可幸的是，Dropbox 沒有接受他的建議。薩卡估計他不投資 Dropbox 的決定讓他損失了「數以億計的錢」。估值接近 100 億美元的 Dropbox 是薩卡在職業生涯中錯過的其中一個最大的黃金機會。

薩卡在接受播客主持人比爾‧西蒙斯（Bill Simmons）的訪問時，談到另一個自己錯過了的黃金機會，就是讓社群平台 Snapchat 的母公司 Snap 溜走了。Snapchat 在當時廣受歡迎，被認為是一個理想的應用程式，讓使用者在一個安全的

6　該公司專門投資尚在種子階段的新創公司。

網路平台上發送那些「不宜在辦公室瀏覽」的私密照片。使用者經由Snapchat傳送圖文（稱為Snaps），內容會在接收對象看完後幾秒鐘內「閱後即焚」。不僅如此，Snap也持續開發新功能，現在，使用者可以創作故事（Stories，限時動態），並傳送一系列的照片，這些圖文將會被永久保存。薩卡看不到Snap的潛力，錯過了投資機會。今天，Snapchat的功能就像一個完整的社交媒體或訊息App，擁有龐大的用戶群，尤其是風行於年輕的Z世代之間。Snap在2017年以240億美元的估值上市。

西蒙斯問薩卡：「那是你最大的失敗嗎？」薩卡回答說：「我經常失敗，我曾告訴Airbnb[7]的人，他們的民宿出租平台並不安全，有人會在共宿房裡被強姦和謀殺。」目前Airbnb的市值逾300億美元。

薩卡之所以能夠公開而坦率地分享他錯過的機會，是因為他已有這麼多賺錢的投資，他明白到在棒球比賽中，「揮棒和落空」或在這些情況下，「看見對方投球卻不揮棒擊球」，這些都是比賽的一部分。對於我們這些凡人來說，錯過投資或太早賣出下一個亞馬遜，都可能會產生災難和持久性的影響，因為對我們來說，這些機會不是經常出現的。薩卡能夠以平常心看待這些錯失的機會，繼續向前看，至於大

---

7 該新創公司提供全球民宿出租的服務。

多數人，這樣的事情都會深深地在他們心中留下烙印。

　　後悔與極端情緒是息息相關的，而當你有龐大的「內含損益」時，極端情緒就會出現。假如你以1萬美元買進一檔股票，其後股價翻了一倍，怎麼辦？你擔心假如你賣掉，就不能把錢賺盡；而假如你繼續持有，你賺到的錢可能會因此蒸發。你以1萬美元買進一檔股票，股價隨後大跌了一半，怎麼辦？假如你要賣出持股，你知道該檔股票會以低價成交；但假如你繼續持有，誰知道還能創下什麼新低？

　　每當我和面對同樣情況的人說話時，我總是會問：「在什麼情況下你會感到非常糟糕？當你堅持不賣，繼續持有該檔股票，而股價卻大跌了一半；還是當你賣掉持股，股價後來再次翻了一倍？在這兩種情況下，你的感覺都不會太爽，但是堅持不賣掉股票並看著所有收益化為烏有，比賣掉股票鎖定利潤後股價再攀升，會使你的精神更加緊張。你很容易告訴自己，你只是出於謹慎，你不賣就是不負責任；你很難告訴自己，你持有價格漲了一倍的股票，因為你以為股價會再漲一倍。

　　我們無法預知未來，重要的是我們要極力避免將來後悔。提出現代投資組合理論的馬可維茲曾經談到後悔的感覺會如何影響自己的資產配置，他說：「假如股市暴漲而我卻沒有入市；或者股市暴跌而我卻已將所有資金投入了，我會感到很傷心。我要做的是極力避免自己將來後悔。」

當你賺大錢或賠大錢時，儘量避免將來後悔的最佳方法，就是賣出部分已投入的資產，至於要賣多少呢？這個問題沒有正確的答案，但舉例來說，假如你賣出手上20％的持股，隨後股價翻了一倍，嘿，至少你還持有80％的股份；另一方面，假如股價大跌一半，嘿，至少你賣了一部分持股。人們傾向以孤注一擲的思維來思考問題，但事實上卻不一定如此。非黑即白的思維幾乎可以肯定會令自己以後悔告終。我們必須避免後悔，這樣長遠來說，你將會有更多機會成為成功的投資者。

失敗的對帳單是你最好的導師

> 假如你認為行為金融學主要是讓人去瞭解世界，那麼你將會令你自己與客戶的生意蒙受巨大損失。事實上，行為金融學也是你必須舉起來照一照自己的一面鏡子。
>
> ——傑森・茲威格（Jason Zweig）
> 《華爾街日報》專欄作家

▌ Profile／麥克・貝特尼克（Michael Batnick）

本書作者。貝特尼克是 CFA 特許金融分析師，現任 Ritholtz 資產管理公司的研究部總監，亦是投資委員會成員之一，他的職責是為客戶建立風險管理與投資組合策略。他曾經過早停利，也曾經不願停損，犯盡了所有投資者都會犯的錯。

　　我在這本書的前文提及了朱肯米勒（Stanley Druckenmiller）所犯的其中一個非受迫性失誤，而我自己也犯了數以千計的非受迫性失誤，絕無花假。你可能會認為我誇大其詞，但一切並非言過其實。

　　2012年，我一共支付了1萬2,000美元的交易佣金——很難相信我的交易如此頻繁，我當時還以為我這樣是在做投資呢！第二年，我決定放慢步伐，把焦點放在市場的整體情況，以更慢的節奏及更長遠的目光來處理投資。當美國股市全年漲了32％，我卻賠了差不多1萬2,000美元。這本書提及的每一個錯誤，我幾乎全都犯過了。

　　我交易過的個別股份，從美國鋁業（Alcoa）到遊戲類股Zynga，此外，還有那些涵蓋一籃子股票的指數基金，包括本地和國際的ETF、債券ETF、貨幣和商品ETF。「思考過程」並不總是一樣的，我曾經嘗試像凱因斯那樣，以宏觀角度思考問題；我也曾經嘗試像葛拉漢那樣，在微觀層面上估算公司價值。我一直過度自信，我曾經對自己的買進價格十分堅持，一點兒也不能退讓；我曾經過早停利，也曾經不願停損。我一輩子都在犯錯，但慶幸這只維持了短暫的時間。有些人需要幾十年的時間才能弄清楚：什麼跟什麼對他們是真正有利的？而更多人卻始終無法釐清這個問題。我是如何把我的失敗，濃縮在短短幾年的時間裡呢？讓我們細說從頭。

▎「交易」這件事，不會有靈光一閃的頓悟時刻

　　我並不是那些「十一歲那年就買了第一批股票」小子們的其中一份子；我在高中時期沒讀過《華爾街日報》，也沒有窩在宿舍裡寫程式。事實上，我面對求學這件事情的態度是我人生中最大的遺憾。

　　我在高中時期沒有認真向學，但是我總算胡混過去並在大學入學考試中取得了好成績，足以讓我進入一所優秀的商學院。上了大學後，我陷入了無能為力的麻煩之中。我花了一輩子的時間敷衍了事、走走過場，所以回首過往，「沒有準備好」這件事並不足奇，因為我並沒有下過任何準備的工夫。印第安納州只是我居住的地方，實際上我並沒有去上課。一個不去上課的學生，成績會發生什麼驚人的變化呢？我在第一個學期考到平均成績（GPA）1.2的分數，然後又考到了1.1分，這個分數顯然是不被學校接受的。高年級的學生提議我休學一段時間，然後一年內再重新申請入學。

　　我回到家後，到社區大學念了一年書，經過一番努力，學業成績終於有所進步，原本的大學重新接納我的入學申請，於是我返校修讀第三年的課程，可是，無論是在感情上、心理上或其他方面，我仍然沒有準備好，當我放棄修讀微積分時，我立即被學校開除了，這件事對我造成很大的傷害。事後看來，在二十歲時跌進人生的低谷並不是那麼可怕，但

在當時，這件事令我感到十分難堪。我再次回到家裡，這一次是永久離開學校。我記得當時和父親坐在車裡，我潸然淚下，無言以對，他並沒有生氣，也許更多的是失望吧，這更糟糕了。我不知道我心裡在想什麼，我努力去想，也想不出該怎麼辦。

失敗的現實讓我難受透頂。我平生第一次想到我的未來，我想知道我的未來會怎樣。我延遲了一年半才取得經濟學的學士學位，但那時的我仍然不知道自己想找什麼工作。我在 2008 年離開學校準備踏入職場，但時不我予，那一年，數百萬的美國人失去工作。

畢業後不久，我在一家財務規劃公司找到了一份工作，我覺得自己是世界上最幸運的孩子，我在大學時期曾經把事情搞砸，這些事情倒沒有對我造成傷害。但我以為自己會負責的工作和我實際上在做的工作，完全是兩碼子的事。我的職責就是向任何我認識或不認識的人推銷保險，這份工作我做了一年半左右，這是個糟糕的經歷。我沒有薪資報酬，還被要求繳交租金（這不是一時筆誤），況且我也不想佯裝要為某人制定理財計劃，然後偷偷在理財計劃中加入保險產品。我為自己和妻子購入一份保單，我父親也買了一些，就這樣子，在這十八個月裡，我沒賣出任何東西，我為自己所犯的大錯付出了代價，那些犯錯的學費在未來幾年還會繼續支付出去。

　　當我在保險公司上班時，父親把我介紹給一位真正的財務顧問，這傢伙很喜歡我，並開始每天跟我分享賣方的研究報告。我對「歐豬五國」（PIIGS，即葡萄牙、愛爾蘭、意大利、希臘和西班牙）[1]不甚了了，但我喜歡閱讀這些報告，並因此做了決定，我要從事這方面的工作，即便當時我不知道「這方面」究竟是什麼，但我知道我想去華爾街闖一闖。於是我辭掉了工作，並決定接受真正的教育。

　　我每天到圖書館埋首苦讀，為「特許金融分析師」（CFA）的考試做準備，我飽讀金融書籍，努力追趕失去的時間。我對這個行業很著迷，這讓我有一種使命感，不論有什麼困難，我都要想辦法加入這個行業。但我必須先克服一些挑戰：我的履歷乏善可陳、當時的金融世界瀕臨崩潰，還有，我的母親正在與死神搏鬥。

　　在2010年，每天早上我都會開車送我的女友（現在的妻子）到火車站，之後我就會埋首於工作中。我的工作就是透過自學來了解這個行業，期待有朝一日可以一展所長。終於，我通過了CFA第一級考試。我寄出大量的簡歷表，但我應該可以做得更多，我希望自己能夠勇於毛遂自薦，發送電郵給陌生人及各金融機構推銷自己，但我還沒有信心去做這些事。

1　當時這五個國家正面臨嚴峻的財政赤字、高失業率和債務危機，即歐債危機。

2011 年，我參加了 CFA 第二級考試，當我在應考時，我問自己：「這個房間裡有多少人是沒有業界經驗的？」我平生第一次以自己為榮，我由一個無心向學的人轉變成一個非常專注的學習機器。只不過，那次考試我考得一塌糊塗，當我離開試場的時候，我知道這次考試失敗了，幾天後，我的母親蒙主寵召，這是我所經歷過最難過的事。

當母親過世時，她留下了一些錢給我和我的兄弟姐妹。我已經讀過柏格（John C. Bogle）的著作《約翰柏格投資常識》（*The Little Book of Common Sense Investing*），我覺得指數基金的理念很有道理；但我也讀過史瓦格（Jack Schwager）的《金融怪傑》（*Market Wizards*），而成為下一個瓊斯（Paul Tudor Jones）的這個想法更令我感到興趣。

2011 年，金融市場異常動盪，於是我做了任何有理智卻沒有經驗的人，在金融市場猶如雲霄飛車般波動時都會做的事，也就是開始進行三倍槓桿 ETF（3X Levered ETFs）交易。假如你不熟悉這些東西的話，容我向你說明：這種 ETF 是一籃子的股票，當其連結的資產上漲一倍時，三倍槓桿 ETF 則會上漲三倍，舉例來說，假如標普 500 指數當天下跌 1％，市場上的牛市和熊市 ETF 將會同時下跌或上漲 3％——這是合法的類固醇賭博。

我的操作是這樣的：我會挑選其中一種產品，我的首選武器是 Direxion 公司每日三倍做空羅素 1000 金融指數的反

向ETF（FAZ，看空銀行股），買進後觀察其價格走勢，期盼它上漲。我相信透過短線上的頻密交易，我可以主宰自己的命運。後來我才發現，這種認知偏誤十分常見，人們稱之為「控制的錯覺」（illusion of control）[2]。我以為透過在幾分鐘或幾小時內進行買賣，「我就不會被市場套牢」，這種思維的愚蠢程度是筆墨難以形容的。過度交易也許是新手投資者最常見的錯誤，我也不例外。

幾個月後，我交好運了，我找到一份工作，雖然只是臨時工，但是我很高興可以因此領到薪水。由於不敢奢望在盤中還有時間在電腦前做交易，於是我轉往交易期權（option）。那個時候，我看空Netflix，認為他們的媒體串流選項非常糟糕，且不明白為什麼該公司將他們的媒體串流和實體DVD光碟分為兩個獨立計劃。在Netflix公布獲利數據的前幾天，我買進看跌期權（put options）。Netflix股價單日下挫35%，而我的獲利超過十倍。此外，我還迷上了每週期權（weekly options）[3]，問題是，我一直都是買進而不是賣出期權，而持有至到期日的期權當中，有76%在到期日時的價值為零，不用多久，我已經弄清楚這是怎麼回事了，我很快便放棄期權這個選項。

2　意指人們自以為可以控制或影響身邊的事物，但其實他們並無法影響事物的結果。

3　在芝加哥期權交易所（CBOE）上市的短期期權，一般在當月每個週五（收盤時間）到期，涵蓋各式證券，例如股票、ETFs、市場指數等。

　　臨時性的工作結束之後，我回到圖書館繼續閱讀和學習，但主要還是在做交易。我的學習範圍很廣泛，包括閱讀有關技術分析的書籍、研究傳統的估值指標、觀看財經媒體上有關非農就業數據等經濟指標的報導……，我的學習過程雜亂無章。我正慢慢得到一些想法，我覺得柏格意識到「打敗市場」是一種愚蠢的行為。我不太確定，要是沒有推特的話，我是否會很快就能有這樣的體會。我喜歡與交易群體交流，看著人們上推特發文，處理他們的來電，當市場走勢對他們不利或有利時，聽聽他們怎麼說。我對這些互動與交流是很投入的。

　　你很快就明白，這些人當中明顯有99.9％都是騙子，這既可悲又可憐，我不想成為其中一分子，這些人在網路上度日，「假裝自己打敗市場」，但在我這樣的股壇新手看來，事實正好相反，這是再明顯不過了。我看著那些每天投身在市場的人，他們看起來就像傻瓜，我留意所有正在發生而可能會導致市場波動的事情，我意識到即使你今天獲得明天的消息，你也無法一直搞清楚市場會如何反應，沒有靈光一閃的「頓悟」時刻，而更像是「漸悟」，也就是漸漸意識到這個遊戲真的真的很難玩。

　　傳奇金融大師伯納德・巴魯克（Bernard Baruch）[4]對此有

4　巴魯克十九歲進入華爾街，二十五歲便成為華爾街證券交易公司的合夥人。不到三十五歲，就成為百萬富翁。三十三歲之後，巴魯克不再為他人股票操作交易，獨自開創一條自我操作之路，因而有「華爾街孤狼」之名。著有《華爾街孤狼巴魯克》一書／大牌出版。

完美精闢的詮釋：

　　假如你準備放棄其他一切，研究市場以及所有主要上市公司的整個歷史發展和背景，像一個醫學生那樣謹慎地研讀解剖學——假如你可以做到這一切，並且有賭徒的冷靜頭腦、先知的第六感和獅子般的勇氣，你就會勝券在握。

▎成功的投資者，必定通曉所有「致敗」的方法

　　我對市場的興趣越來越少，而且無法不去反思我是如何為先前的錯誤付出代價的，然後，有一天我收到一封電郵，一位朋友替我安排到一家大型資產管理公司面試，應徵當內部批發商（internal wholesaler）。我的嘗試是這樣的。

　　我總是有這種非理性的信心，我說「非理性」是因為我從未做過任何值得我有信心的事，但我覺得假如有人給我一個機會，我可以給人留下好印象。我終於得到這個機會。我與該團隊中的其中一人見面，事情發展得很順利。我對這份工作有滿腔熱忱，他和我談論接下來會怎麼做，這些好像是例行公事，好像我獲得錄取了一樣，然後他帶我去跟他的老闆見面，我們進行了愉快的交談，隨後我被問及「為什麼我想成為內部批發商」這個問題。

　　在此容我先稍作介紹：所謂的「內部批發商」，就是在

外部批發商後面支援的幕後工作人員，外部批發商的工作是
接觸資產配置的人，負責與理財顧問見面和向這些人解釋為
什麼值得將他們的產品納入其客戶的投資組合當中。而內部
批發商則忙著編排外部批發商的工作時間表，並且，大致上
是外部批發商的得力助手。

　　當跟我面試的經理人問我，為什麼要成為內部批發商
時，我的回答錯得離譜，我告訴他我喜愛市場，計畫朝這方
面的工作發展，為了做好準備，於是我應考CFA。他說：
「嘿！且慢。」「你為什麼攻讀CFA？」至此，我的機會差不
多沒了。CFA考試是為分析師而不是為內部批發商而設的，
我去面試了一個錯誤的職位，這讓我十分沮喪。我的想法
是，我需要擁有CFA證照，好讓自己有機會進入這個產業，
但最後我入行無門。

　　我回到圖書館做交易、投資、閱讀和期盼機會來臨，在
這一點上，我基本上是自己欺騙自己，我知道我不能打敗市
場，但我一直努力嘗試，因為我不知道還能做些什麼，我在
金融業裡的人脈十分薄弱，即使我有人脈，就業市場非常嚴
峻，而且我沒有太多優勢。過了幾個月，我再次獲得機會，
這一次的對象是一家折扣券商（discount brokerage）[5]。我的那
份工作聽起來很棒，我興奮極了。

5　意指多數採用網路交易的證券公司，提供股票買賣等服務，一般不會提供全面的股
　　票分析服務，因此也向投資人收取較低的佣金。

　　面試進行得很順利，第二天，我接到跟我面試者的電話，他對我說了一句幾個月來我最想聽到的話：「你沒有太多的經驗，但我喜歡你，我會給你機會，我相信你能做好這份工作。」我喜出望外，但沮喪之情隨之而來——我把履歷表交給了人力資源部，他們致電給我，詢問一個關於我信用報告中某個不良記錄的問題，我不知道他們在說什麼，但我答應一定會查個水落石出。

　　這件事應該是我在印第安納州念大三時所發生的，當時為了維持生計，我一面做著服務生的工作，一面在家修讀大學課程，每個月還要支付房租，我完全忘記這件事了。事實上，我的一個室友沒有支付因某些損壞而產生的賠償金，後來這個不良記錄就寫進我的信用報告中，我花了數天去了解這件事的來龍去脈，就在這段期間，那個招募我的人已跳槽到另一家公司，雖然該公司告訴我，新的經理願意讓我去試試，可是他從來沒有這樣做，這真的讓我很受傷。

　　我再次回到了圖書館。我開始懷疑自己是否拒絕面對事實——我從事金融業的可能性微乎其微。「你以為這些孩子為什麼在高中和大學裡埋頭苦幹？你為什麼認為自己可以走到隊伍的最前面？長大點和向前看吧。」我幾乎是這樣做了，這並不是說我曾經有過轉行的計劃，而是在精神上，我幾乎已經認輸了。我仍然必須為這輩子逃避受教育付出代價。

　　兩年後，我獲得了第三個真實的機會，這一次是在金融

業以外的領域，不過我真的不在乎，因為我已經兩年沒有工作了，我只想繼續我的生活。面試我的人問我在做什麼，以及為什麼這麼久沒工作？我向他解釋自己的情況，他告訴我做期權交易時要小心。面試很快便結束了，這一次「面試」持續了約三分鐘。

幾天後，我在麥迪遜廣場花園觀看NBA紐約尼克對熱火系列賽中的第三場比賽。當我坐下來時，我看到了一封電郵，不是說我不知道會有這封電郵，只是沒有想到會有這樣的回覆：「感謝，但不了，謝謝你，祝你好運。」尼克隊在那個系列賽中以0：2落後，被淘汰了，於是我決定趕快離開，我只想回家。

深夜時分，在搭乘長島鐵路（Long Island Railroad）火車返家的途中，我埋頭用我的黑莓手機瀏覽推特。我最愛追蹤的推特使用者喬許‧布朗（Josh Brown）[6]正在發推文。「沒錯，柔伊‧克拉維茲（Zoë Kravitz）是成年人，弗蘭西絲‧賓恩‧柯本（Frances Bean Cobain）是青少年……，然後六年過去，我們都老了。」[7]這則推文是五年前發出的，只獲得一次轉推及一次回覆，沒有人按下喜歡，但這則推文讓我記憶猶深。當火車到站時，我的手機掛了，這個細節很重要，

6　Ritholtz資產管理公司共同創辦人，華爾街著名的投資專家。

7　克拉維茲是美國女演員、歌手及模特兒，曾演出電影《X戰警：第一戰》；柯本則為「超脫樂團」（Nirvana）主唱科特‧柯本之女。

因為如果手機沒有掛掉，我也許會一邊走路一邊埋頭滑手機
而沒有留意到那個將改變我生命軌跡的人就從我身邊走過。
我與喬許碰個正著，我一下就呆住了，這就是我一直在等待
的機會，而這個機會唾手可得。

　　我輕輕拍了喬許的肩膀，他很友好地和我談了一會兒，
我向他解釋了我的情況，他遞上名片，說會與我保持聯絡，
我的妻子在樓下等著我，她對我說：「那是誰呢？」「那是喬
許‧布朗，」我回答說：「他就是我曾經向妳提及在推特發
文的那個人。」我用她能理解的語言（我的妻子是真人秀電
視迷）告訴她說：「他是我的貝欣妮‧芙藍克（Bethenny
Frankel）[8]。」

　　幾個星期之後，喬許在部落格上發表了一篇有關他和巴
里（Barry）[9]招聘人才的文章，我發了電郵給他，我們一拍即
合，這個僱用我的人是我的理想工作夥伴；要是有機會與世
界上任何人合作，他就是我的人選。當我在 2012 年開始與
喬許和巴里合作時，他們管理的基金規模約 5,000 萬美元，
而當時公司只有他們兩個人和一個助手，五年後，我成為一
家實業公司的老闆之一，我們負責管理 7 億美元的資金，僱
用了二十個人。

　　很多人都會將他們的成功歸於運氣好，但你通常可以看

8　美國脫口秀主持人，同時也是一位健康養生食物的主廚，以姣好的身材著稱。
9　Ritholtz 資產管理公司共同創辦人。

穿他們是鴻運當頭，還是他們非常傲慢自負的內心被一層薄薄的虛假謙虛的面紗籠罩著。很明顯地，我認為自己是何其幸運才能有今天的成就，我確實是自己創造了幸運，我去找了喬許，我經年累月研究市場動態並累積了知識，這足以證明我值得他的信任，但假如我從沒告訴跟我面試的經理人，我正在攻讀CFA；假如我的信用報告沒有污點；假如尼克隊沒有被淘汰出局；假如喬許在某個工作日的晚上十一點不是和我坐在同一列火車上，我絕對不會寫出這本書，我毫不懷疑，我能有今天的成就是因為我萬分的幸運。

　　我學到了很多致敗的方法，不只是在生活上，在市場裡也是如此。很難特意找出我曾經犯過的「最大錯誤」，因為假如我在交易時做對了一件事，就是我嚴守停損紀律，我的交易帳戶從來沒有損失超過1％。在我看來，要是你在未來幾個月甚至幾年內要償還到期債務，那麼你就不要去做冒險的投資，這是我在市場裡學到的教訓。

　　我知道我即將要承擔兩大筆費用：在2013年12月，我要負擔婚禮開支，之後的一兩年，我會買房子。我不想坐擁現金，所以我的資金仍然全數投資於金融產品，而沒有為將來所需支付的費用預留一筆錢。我透過做空標普500指數來進行對沖，我的淨多單（net long）[10]佔總持倉的80％左右，

---

10 若分別持有看好的多單及看壞的空單，當兩者相減時如是正數，則為淨多單。

這並不是個聰明的做法。市場不在乎你的目標，它不知道你要在五年內退休；也不知道你的孩子在什麼時候上大學，或者就我來說，市場不知道你什麼時候要結婚。

我的投資英雄之一彼得・伯恩斯坦（Peter L. Bernstein）[11]曾說過：「在人生過程中，錯誤是不可避免的。」他說的完全正確。在投資和生活中，我犯了很多錯誤，我坦然接受自己的錯誤，我從沒為自己的投資或者人生締造完美歷史。下一次當你蒙受重大虧損、過早賣出投資部位或嘗試回本時，請記住，我們都做過同樣的事。普通人和最佳投資者的分別，在於偉大的投資者能從錯誤中學習和成長，而錯誤卻會讓一般人倒退。

---

11 享譽全美的經濟學家與投資顧問，其相關談話請見以下影片連結：https://www.youtube.com/watch?v=MKcZtvwch1w

從本能交易到紀律交易

巴菲特、葛拉漢、李佛摩，16 位當代投資大師敗中求勝的祕密

Big Mistakes:
The Best Investors and Their Worst Investments

作　　者　麥克・貝特尼克（Michael Batnick）
譯　　者　傅桂卿
主　　編　郭峰吾

總 編 輯　李映慧
執 行 長　陳旭華（ymal@ms14.hinet.net）

社　　長　郭重興
發行人兼
出版總監　曾大福
出　　版　大牌出版／遠足文化事業股份有限公司
發　　行　遠足文化事業股份有限公司
地　　址　23141 新北市新店區民權路 108-2 號 9 樓
電　　話　+886- 2- 2218 1417
傳　　真　+886- 2- 8667 1851

印務協理　江域平
封面設計　陳文德
排　　版　藍天圖物宣字社
印　　製　成陽印刷股份有限公司
法律顧問　華洋法律事務所　蘇文生律師

定　　價　420 元
初　　版　2019 年 3 月
二　　版　2021 年 12 月

國家圖書館出版品預行編目（CIP）資料

從本能交易到紀律交易：巴菲特、葛拉漢、李佛摩，16 位當代投資大師敗
中求勝的祕密 / 麥克・貝特尼克（Michael Batnick）著；傅桂卿 譯 . -- 二版 .
-- 新北市：大牌出版，遠足文化發行，2021.12　面；公分
譯自：Big Mistakes: The Best Investors and Their Worst Investments
ISBN 978-986-0741-93-3（平裝）
1. 證券投資　2. 投資分析

563.53　　　　　　　　　　　　　　　　　　110020114